부산 전차운행의 발자취를 찾아서

표 용 수

부산 전차운행의 발자취를 찾아서

초판 1쇄 발행 2009년 6월 15일

저 자 ▌표용수
펴낸이 ▌윤관백
제 작 ▌김지학
편 집 ▌이경남 · 장인자 · 김민희
표 지 ▌정안태
교정 · 교열 ▌김은혜 · 이수정
펴낸곳 ▌선인
인 쇄 ▌포인트 텍크
제 본 ▌바다제책
등 록 ▌제5-77호(1998. 11. 4)
주 소 ▌서울시 마포구 마포동 324-1 곳마루B/D 1층
전 화 ▌02)718-6252/6257
팩 스 ▌02)718-6253
E-mail ▌sunin72@chol.com

정가 ▌16,000원
ISBN 978-89-5933-164-2 93900

■저자와의 협의에 의해 인지 생략.
■잘못된 책은 바꾸어 드립니다.

부산 전차운행의 발자취를 찾아서

표 용 수

본문 목차

표 목차

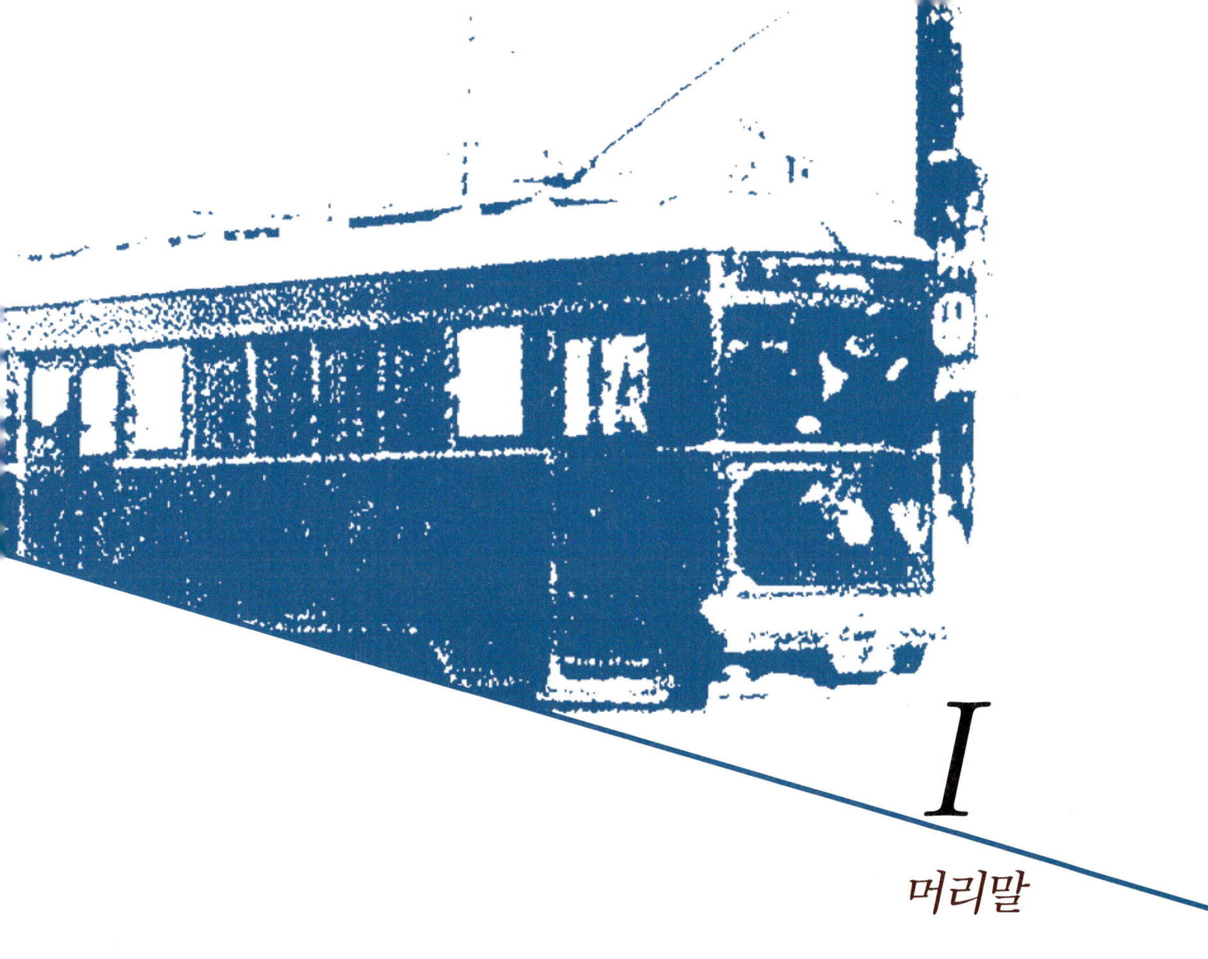

I

머리말

교통은 인간의 사회활동에 수반되어 나타나는 필연적 현상으로 예로부터 문명의 발달과 함께 새로운 교통수단이 발전하여 왔다. 따라서 사회발전의 원동력으로서 경제적 여력을 창출해 내기 위해서는 사통팔달의 원활한 교통망의 구축이 필요하였다.

부산은 우리나라의 동남단에 위치한 바다와 접하여 있는 지리적인 여건 때문에 일찍부터 해상교통이 발달하였다. 조선 초기인 1407년(태종 7) 부산포(富山浦)가 열리면서 부산포왜관(富山浦倭館)이 설치되었다. 따라서 부산은 대일외교와 무역교역 장소로, 문화사절인 통신사 출발지로 자리매김하였다. 1876년 2월 부산항(釜山港)이 근대 국제무역항으로 개항되면서 근대도시에 걸맞는 새로운 교통수단의 도입은 필연적이었다.

부산은 배산임수의 지형적 특성을 지닌 해안 도시로 바다를 매립한 지역을 포함하여 30% 정도만이 평지로 형성되어 있어, 도로망 역시 해안선을 따라 동서를 축으로 하는 벨트형의 간선도로가 건설되어 왔다.

부산에 근대적 교통수단으로 처음 등장한 것이 전차(電車)[1]이다. 전차는 전기의 힘으로 달리기 때문에 전기도입이 전제되어야 한다. 우리나라에 전기가 처음으로 도입된 것은 1885년 말경 경복궁(景福宮) 내 건천궁(乾淸宮)에서 점등식을 거행한 것이 그 시초이다.

우리나라에서 전기사업이 본격화된 것은 1898년 1월 26일 최초로 설립된 전기회사인 한성전기회사(漢城電氣會社)가 설립한 데서 비롯되었다.[2] 한성전기회사에서는 1898년 10월 17일에 전용궤도 부설공사를 착공하여 12월 25일 서대문~홍릉간 단선을 준공하였고, 1899년 5월 동대문~흥화문(전 서울고교앞)간 시승 및 개통으로 전차사업이 본격화되었다.

부산에 처음 전기가 도입된 것은 부산전등주식회사(釜山電燈株式會社)가 1902년 지금의 광복동거리 군데군데 여러 개의 가로등을 밝히면서 시작되었다. 부산에는 전차도입에 앞서 1909년 8월 29일 부산궤도주식회사(釜山軌道株式會社)가 설립되면서, 8월 말 증기철도(蒸氣鐵道) 전용궤도 부설공사를 착

1) 도시 교통수단으로 노면전차가 처음 등장한 것은 1881년 독일 베를린에서였다. 동양에서는 1894년 일본 교토에 등장한 것이 처음이며, 우리나라에서는 1899년에 등장하였다.

2) 서울특별시사편찬위원회, 『서울交通史』, 2000. 12, p.240.

공하여, 11월 말 부산진~동래 남문간을 준공, 12월 2일 경편기관차(輕便機關車)가 운행을 시작하였다.

부산의 증기철도는 우리나라 최초의 사설철도(私設鐵道)이기도 하다. 부산에 전차는[3] 1915년 1월 전차선로 부설공사를 착공하여, 부산진~초량, 초량~부산우체국간의 선로가 준공되고, 또한 부산진~동래 온천장간 기존의 철로의 전차선로 변경공사가 준공되어 11월 1일 부산우체국~동래 온천장간 전차가 운행을 시작하였다.

전차운행은 부산의 대중교통의 중심적 역할을 수행하면서 도시 형태나 산업의 발전을 가져오게 되었다. 그후 1938년 새로운 교통수단인 자동차의 출현으로 도로건설이 시행되어 도시 발전은 물론 기존 부산역[4]을 중심으로 하는 방사형으로 확장되는 새로운 국면을 맞이하게 되었다.

부산은 광복 이후 해외동포의 귀환, 한국전쟁으로 두 번에 걸친 임시수도가 된 것 등으로 인해 인구가 급격히 유입되었는데, 이때 전차는 대중교통 수단으로 이용되었다. 그러다 1963년 1월 정부 직할시 승격과 경제개발 등으로 부산항을 통한 수출입 물동량이 증가되면서, 도로의 확장·포장으로 대중교통 수단이 기존의 전차에서 버스와 택시로 대체되었다.

이후 부산의 전차는 전반적인 시설의 노후화와 노선운행에 따른 적자폭의 누적으로 운행이 중단되면서 역사의 뒤안길로 사라지게 되었다. 부산의 대중교통 수단은 시대에 따라 우마차, 증기기관차와 전차, 버스, 택시, 지하철 순으로 변천을 거듭하여 발전하여 왔다.

이 책을 통해 연구자뿐만 아니라 일반 시민들도 부산 전차운행의 발자취를 이해할 수 있게 되기를 바란다. 아울러 부산의 주요 교통수단이었던 전차운행과 관련해 부족한 부분은 자료의 발굴과 활발한 연구를 통하여 보완되기를 기대해 본다.

3) 부산직할시사편찬위원회, 『釜山市史』, 1991. 3, pp.567~569.

4) 당시 부산역은 현 부산경남본부세관 맞은편 부산역 소화물취급소 자리에 있었으나 1953년 11월 27일 부산역 전 대화재 때 驛舍는 완전히 전소되었다.

II

우리나라의 전기도입

1. 전기도입 이전 상황

서양의 근대 과학문명인 전기지식이 처음 우리나라에 들어온 시기와 경로에 대해서는 현존하는 기록만으로 성급하게 단정할 수가 없다. 그러나 구미 각국의 전기이론 및 기술의 변천 등 전기기술의 발달사를 감안할 때 전기지식을 체계적으로 소개한 서적의 전래는 청조말(淸朝末) 한역과학서(漢譯科學書)들이 대량으로 들어온 19세기 중반 이후로 추정되고 있다.[5]

전통적인 유교사회였던 조선후기 사회에 근대서양문물의 도입에 따른 충격은 사상과 정치 · 문화 등 각 방면에 지대한 영향을 끼쳤다. 그러나 이러한 서양의 근대문물은 직접적으로 조선에 들어온 것보다는 오히려 중국과 일본을 통하여 간접적으로 도입되고 연구되어 왔다.

그리고 이들 서양문물의 유입은 밖으로부터의 능동적인 접근과 작용에 의하여 피동적으로 진행된 것이 아니라, 중국이나 일본에 드나드는 사신과 유학생 등을 통하여 이루어졌다는 데 그 특색이 있다. 특히, 명 · 청의 도읍지였던 북경(北京)을 왕래하던 부경사행(赴京使行)은 일찍이 서양문물이 들어오는 창구의 역할을 하였던 것이다.

1630년(인조 8)에 부경사행으로 북경에 갔던 정두원(鄭斗源)은 천문 · 역산 · 지리 등에 관한 한역과학서와 자명종, 천리경 등 서양과학문명의 기기들을 가져왔다. 또 1784년(정조 8) 북경에서 최초로 천주교에 입교한 이승훈이 『기하원본(幾何原本)』, 『수리정온(數理精蘊)』 등의 과학서와 『천주교서(天主敎書)』를 가지고 돌아온 사실은 너무나 유명하다. 이 밖에도 명청시대(明淸時代)에는

5) 우리나라 전기도입과 관련한 내용은 韓國電力公社, 『韓國電氣百年史』 上 · 下, 1989. 11에 수록되어 있는 내용을 요약하여 전재하였으며, 세부내용에 대하여는 그 출전을 밝혀 인용하였다.

다른 기회를 통해서 한역(漢譯) 서양학술서가 많이 도입되었는데, 이는 국내의 저명한 학자들이 열독(閱讀)한 서양학술서의 책명으로도 알 수 있다.

1876년 근대개항 이전 이 땅에서의 야간조명은 상류가정에서는 밀초(密燭)나 육초(肉燭)를 사용하였으며, 그 밖의 대부분의 가정에서는 등잔이나 상어기름, 피마자기름 등으로 방을 밝히는 정도에 불과했었다.[6] 석유와 램프(석유등)가 이 땅에 들어온 것은 1880경이었다고 한다. 1934년에 간행된『경성부사(京城府史)』제2권에는 석유와 램프에 대하여 다음과 같이 소개하고 있다.

> "明治 12년(1879) 8·9월경에 通度寺의 승려 李東仁이란 자가 朴永孝·金玉均으로부터 일본을 시찰하고 오라는 위촉을 받고 (중략) 처음으로 일본에 渡航하였다가 다음해인 명치 13년(1880) 9월 중순에 귀국했는데 여비조로 가지고 간 純金棒을 처분하여 (중략) 램프·석유 기타 雜貨品類를 다수 구입해 왔었다. 귀국 후 李東仁은 이것들을 각 王家와 친지들에게 나누어 주었는데 모두가 진기하고 편리함을 찬탄했다고 한다. (중략) 이것이 계기가 되어 훗날, 석유·성냥 등은 서울의 무역품 중에서 중요한 위치를 점하게 된 것이다."[7]

사실상 갑오경장(甲午更張, 1895) 이후 약 5~6년간, 초기 서울에 정착했던 일본인들의 주된 생업은 직물(織物)·약품(藥品)·잡화품(雜貨品) 등의 판매였다. 잡화품 중에서도 성냥·램프·석유·칸데라 등 조명 수단이 주류를 이루고 있었다.[8] 황현(黃玹)의『매천야록(梅泉野錄)』[9]에서도 당시 석유와 성냥의 도입에 관하여 다음과 같이 설명하고 있다.

> "석유는 英·美 등 諸國에서 생산되는데 혹자는 바다 가운데서 취한다 하고 또 혹자는 석탄에서 빼낸다고 하며 또 어떤 이는 돌을 삶아서 짜낸 것이라 하여 그 설명이 같지 않다. 그러나 그것이 천연자원

6) 孫禎睦,『朝鮮時代都市社會研究』, 一志社, 1988, p.280.

7) 경성부,『京城府史』제2권, 1934, p.546. 여기서 인용한『朝鮮開敎五十年史』라는 것은 일본불교의『布敎五十年史』인 것 같고, 또 이 기술 중에서 奉元寺의 승려였던 李東仁을 통도사의 승려라고 한 점 등으로 보아 그 정확성에 의문이 가나, 李東仁이 석유·램프 등 진기한 잡류를 도입해 온 부분은 틀림없는 것으로 추측된다.

8) 경성부,『京城府史』제2권, 1934, p.589.

9)『梅泉野錄』卷一 上(1995년 국사편찬위원회 영인).

임에는 틀림이 없다. 우리나라에서 庚辰年(고종 17)부터 이것을 사용하기 시작했다. 처음에는 붉은 색이 나고 냄새가 고약했으며 한 홉(一合)이면 열흘 밤을 켤 수 있었다. 수년이 지나지 않아 색깔이 점점 희어지고 냄새도 좋아졌으나 화력이 감해져서 한 홉을 가지면 겨우 3~4일 밖에 불을 켜지 못하게 되었다. 석유가 나오면서부터 산이나 들판에 기름을 짜는 열매는 번성하지 않게 되었으며 온 나라 안에 석유로써 燃燈하지 않는 자가 없게 되었다. (중략) 성냥통[洋燧火筒]이 또한 석유와 때를 같이하여 성행하기 시작했으니 사람들은 이것을 自起黃이라 불렀다."

이와 같은 사실에서 알 수 있듯이 석유에 의한 조명이 일반화된 것은 1880년대 초의 일이었다. 이때부터 종전에 사용하던 등잔 대신에 램프와 호롱, 그리고 성냥이 크게 보급되었음을 알 수 있다.

한편, 1876년의 근대 개항과 함께 일본과 미국 등에 수신사(修信使) 왕래의 길이 열리고 유학생까지 파견됨에 따라 전기를 직접 견문할 수 있는 기회도 늘어나게 되었다. 이는 당시의 조야인사(朝野人士)들이 전기의 이용이 곧 개화와 부국강병의 지름길이라는 인식을 갖게 되는 계기가 되었다.

우리나라에 처음으로 전기지식을 체계적으로 소개한 것은『박물신편(博物新編)』으로, 이는 영국인인 홉스(Benjamin Hobson, 1810~1873)가 저술한 것을 한역한 과학서로 1854년 중국 상해 흑해서관(黑海書館)에서 1책 3집으로 발행된 것이다.[10]

전기론에서는 전기의 음양작용과 전기를 만드는 방법, 축전지의 원리, 그리고 전기를 이용한 전신, 전기분해, 동판제작법과 자석 및 나침반 등을 약 4천 1백자의 한자로 소개하고 있다.『박물신편』이 우리나라에 들어온 시기는 분명치 않다. 그러나 해강(惠岡) 최한기(崔漢綺)가 1866년에 편술한『신기천험(身機踐驗)』에 이 전기론을 초록하여 수록한 것을 미루어 보아 1860년 초

10)『博物新編』제1집은 지기론, 열론, 수질론, 광론, 전기론 그리고 제2집은 천체, 지구 등, 제3집은 조수약론 등으로 구성되어 있다.

에 우리나라에 전래된 것으로 보인다. 이 『박물신편』은 동양 3국에 과학지식을 전하는 데 큰 영향을 주었다. 『승정원일기(承政院日記)』1882년(고종 19) 임오(壬午) 8월 23일조의 지석영(池錫永)의 상소문(上疏文)[11] 중에는 다음과 같은 내용이 언급되어 있다.

"(上略) 萬國地法, 朝鮮策略, 譜法戰기, 博物新編, 格物入門, 格致彙編等書 (中略) 皆足以開明蠢遇, 使之瞭解時務者也."

『박물신편』 등의 책들은 백성을 개명하고 시무(時務)를 알게 하는 데 도움이 되는 책으로 추천하여 권할 만하다고 하였다. 따라서 우리나라에서는 『박물신편』이 당시 지식계급에 널리 읽히고, 또한 최한기가 그의 『전서(全書)』에 전기론을 수록함으로써 전기지식도 여러 식자들 사이에는 많이 소개되었을 것으로 짐작이 된다.

11) 『承政院日記』 1882(고종 19), 壬午, 8月 23日.

2. 전기의 도입

우리나라에 전기도입이 처음으로 시도된 것은 1884년경으로 『알렌(Allen) 年表』에 의하면, "1884년 9월 4일에 조선국 왕실에서 에디슨(T. Edison)상회에 전등설치의 주문이 있었다"라고 기록되어 있다.[12] 9월 4일자[13]로 당시 주조선 미국공사인 푸트(Lucius H. Foote)가 본국 국무장관 프렐링 휘이션(F. T. Frelinghuysen)에게 보낸 서신 중에 다음과 같은 내용이 언급되어 있다.[14]

> "본인이 앞서 에디슨씨를 대리하여 朝鮮國에 전등과 전화의 설치 및 運營權을 신청한 바 있으며, 또 朝鮮國 公使가 미국 시찰여행 중 에디슨씨에게 서울에 있는 宮殿과 宮庭에 전등시설을 설치해 줄 것을 요구한 데 대해 잘 주선해 주기 바랍니다."

1882년 「조미수호통상조약」이 체결된 이후 답례사 겸 통상사절단 전권대사 민영익(閔泳翊)과 부사 홍영식(洪英植) 일행이 미국으로 떠난 것은 1883년 6월이었고, 그들은 미국을 두루 살핀 후 유럽을 돌아 1884년 여름에 귀국하였다. 그들이 미국에 갔을 때 에디슨이 1879년 발명하여 미국 전역에서 새로운 바람을 일으키고 있던 백열등의 밝은 빛에 신기함을 느껴 에디슨상사로 찾아가 주문 상담을 벌였던 사실을 귀국하여 보고하였다. 그러나 전기는 앞서 푸트공사가 신청해 둔 전등설치 및 운영권에 대한 칙재(勅裁)가 내려지면서 도입된 것으로 추측된다.

그리고 이 칙재가 있으므로 해서 에디슨상사에 대한 민영익 전권대사 일

12) H. N. Allen, 『Korea: Face and Fancy』, 1904의 부록인 Chronological Index에 다음과 같이 기록되어 있다 . 1884-Sept. 4 : An electric light plant was ordered for the palace from the Edison Co.

13) 『알렌 年表』는 陽曆이고, 푸트의 서신도 陽曆이었다.

14) 경성전기주식회사, 『京城電氣株式會社六十年沿革史』, 1958, pp.404~406 참조.

행의 주문 상담이 『알렌 연표』의 표현 그대로 실효를 거두게 되었고, 또 이를 보다 확실하게 해두기 위하여 푸트공사는 본국 국무장관에게 서신을 보내어 잘 주선해 달라고 부탁한 것으로 보인다.

우리나라에 전등설비가 언제 도입되었으며 최초로 점등한 날짜가 언제였는지에 관한 정확한 기록은 찾을 수가 없다. 아마 1885년 말경에 점등된 것이 아닌가 하는 추측을 할 뿐이다. [15]

당시 설치된 설비는 증기기관에 의한 발전기 2대였으며, 이를 경복궁 내 건청궁 안 향원정(香遠亭) 부근에 설치하고 100촉광의 서치라이트 2대를 건청궁과 그 앞뜰에 가설했다고 한다. 경복궁 내의 전기가설은 2단계로 나누어 실시된 것으로 보인다.

먼저 1885년 말경에는 두 대의 서치라이트가 서양인 기술자에 의해 설치되었으며, 두 번째는 1886년 말경에 멕케이라는 기술자가 내한하여 약 3개월 공사 끝에 경복궁 내 각 방의 전기가설공사를 실시하였고, 1887년 3월 6일 경복궁 내 건청궁에서 설치한 전등의 점등식을 가졌다.

왕궁에서의 전기는 그 이후에도 상당히 오랫동안 자가발전체제가 계속 유지되었으며, 건청궁 전기시설의 유지 관리 및 내국인기술자의 양성을 위하여 조선국 내무부 공작사는 1887년 9월 1일에 영국인 전기기술자 피르(Pyirre)와 1년간 고용계약을 맺었다. [16]

그후 일본 나가사키(長崎)에 와 있던 흠링어상사로부터 삭숀 가스엔진 40마력짜리 한 대와 동기연결(同機連結)의 25kW 직류발전기 에디슨 다이나마를 구입하고 동시에 동 회사소속의 기사 콘엔(T. H. Koen)이 내한하여 궁내부와 고용계약을 맺고 경운궁에 자가발전소를 설치하였다.

1903년 봄 궁내에 약 900등의 에디슨 램프를 점화하였다. 또한 그후 순종(純宗) 황제의 거처가 된 창덕궁에는 45마력의 석유발전기와 25kW 직류발전기를 일본의 상사로부터 구입하여 1909년부터 발전·점등하였고, 이렇게 하여 왕궁에서는 1910년 1월까지 자가발전을 계속하였다.

15) 경성전기주식회사, 『京城電氣株式會社六十年沿革史(1958)』에서는 "1884~1885년 사이로 추정되나 정확한 일자를 밝히지 못함을 유감이다"라고 하고 있다.

16) 경성전기주식회사, 『京城電氣株式會社六十年沿革史』, 1958, p.408에 있는 契約書寫本의 자료 참조.

3. 한성전기회사

한성전기회사(漢城電氣會社)는 1898년(광무 2) 1월 18일 고종의 대리인인 이근배(李根培) · 김두승(金斗昇) 두 사람이 한성 5서구(漢城五署區) 내에 전차 · 전등 그리고 전화설비의 운영권을 농상공부에 신청하여 동년 1월 26일자로 허가를 받아 설립되었다.

경복궁에 우리나라 최초로 전등이 점화된 지 11년 뒤의 일이다. 경복궁 전등은 전등소의 발전기와 직결된 개별적인 자가 전등설비에 불과하였다. 그러나 한성전기회사가 설립되어 중앙의 발전소에서 배전설비 설치를 통하여 불특정 다수의 일반가정과 사무실 등에 전기를 공급하게 됨으로써 처음으로 근대적 의미의 '전기사업' 이라는 기업이 탄생하게 된 것이다.

한성전기회사가 창립될 무렵은 한반도에서 열강들의 이해관계가 날카롭게 대립하는 가운데에서도 세력균형이 유지되었던 시기이다. 1895년 청 · 일전쟁의 결과 일본이 획득하였던 요동반도는 삼국(러시아 · 프랑스 · 독일)의 강력한 요구로 청국에 반환되었다. 이 삼국간섭(三國干涉)의 영향으로 조선에서는 러시아세력과 연락을 갖는 명성황후 중심의 보수파 세력이 증대해 갔다. 고종도 일본의 압력과 간섭에서 벗어나고자 보수파에 동조하게 됨으로써 조선정부 내에서는 배일과 친러적인 경향이 두드러지게 나타났다.

1895년 일본 제국주의는 기울어져 가는 세력을 만회하기 위해 낭인들을 동원, 궁궐을 습격하여 명성황후를 시해하였다. 조정은 일본의 지지를 받는 온건개화파 세력이 득세하였고, 일본의 강요에 의한 갑오(甲午) 및 을미개혁

(乙未改革)의 단행으로 왕권이 침해되고 왕실재정이 통제를 받는 등 왕후 시해로 신변의 불안마저 겹치자, 1896년 고종이 친러파들의 책동에 힘입어 왕세자와 함께 경복궁(景福宮)을 탈출하여 정동에 있는 러시아 공사관으로 피신하는 '아관파천'이 일어났다.

이 당시 구미열강에게 철도·광산·삼림 등에 대한 이권을 넘겨주지 않을 수 없었다.[17] 이와 같이 국내의 이권이 열강에 의해 차례로 침탈되어 가는 것을 본 독립협회(獨立協會)는 적극적인 민중운동을 벌이면서 시폐를 비판하고 시정을 건의하였다.

독립협회는 특히 정부의 열강에 대한 철도·광산 등에 대한 이권 양여에 반대하고 그동안 열강에게 양여한 이권의 회수를 주장하였다. 또한 자주독립은 자주경제에 의하여 뒷받침되어야 하며, 제 나라의 자원과 산업은 스스로 개발하여야만 비로소 지킬 수 있다고 주장하였다.

독립협회는 자원과 토지와 경제적인 이권을 외국에 양여하는 것은 자주독립권의 일부를 양여하는 것으로 보았던 것이다. 더욱이 철도와 같은 "富强의 利"를 외국인에 양여하는 것을 개탄하고, 국내자본으로 철도를 부설하여야 한다는 철도 자영론(自營論)을 펴 나갔다.[18] 독립협회의 강력한 반대가 하나의 원인이 되어 러시아는 절영도석탄고기지(絶影島石炭庫基地)와 목포와 진남포 조계의 조차지 요구를 철회하고 한러은행도 폐쇄하였다.

한성전기회사 설립은 당시 열강들의 이해가 한반도에서 날카롭게 대립한 가운데 극비리에 추진되었다. 이 때문에 지금까지 국내의 모든 사서(史書)들에는 한성전기회사가 마치 처음부터 고종(高宗)과 미국인 콜브란(Henry Collbran), 보스트위크(H. R. Bostwick) 등의 공동기업으로 성립된 것처럼 와전되어 기록돼 왔다. 그러나 한성전기회사는 처음부터 고종이 단독 출자한 황실의 기업으로 설립·운영된 것이다. 고종은 일찍부터 서울시내의 전기사업에 깊은 관심을 가져왔다.[19]

고종은 1896년 말 이래 주한 미국공사 알렌(Horace N. Allen) 및 경인철도 건

17) 미국인에게는 서울~인천간의 철도부설권과 평안도 운산금광채굴권을 양여하였고(1896), 러시아인에게는 경원·은성의 광산채굴권과 압록강유역 및 울릉도 삼림채벌권을 넘겨주었다(1896). 또한 프랑스인에게는 서울~의주간의 철도부설권(1896)이, 그리고 독일인에게는 강원도 금성군의 당현금광채굴권이 주어졌으며(1897), 영국인에게는 평안도 은산금광채굴권이 양여되었다(1900). 일본인은 미국인으로부터 서울~인천간의 철도부설권을 매수하였고(1898), 이미 청일전쟁 당시 양해된 서울~부산간의 철도부설권과 충청도 직산금광채굴권(1900)을 획득하였다.

18) 국사편찬위원회, 『한국사』 19권, 1984, pp.100~101.

19) 서울의 명칭 사용에 있어 대한제국, 일제강점기, 광복 이후를 구분하지 않고 서울로 통칭하여 사용하였음을 밝혀둔다.

설공사의 청부인으로 내한 중에 있던 콜브란과 접촉하였으나, 이 사업은 고종의 주도하에 황실의 기업으로 경영하되 건설과 운영은 콜브란에게 청부키로 합의하였다. 그러나 러시아를 비롯한 열강에게는 비밀을 유지하여 간섭을 피하기 위해 이근배·김두승 두 사람의 명의로 1898년(광무 2) 1월 18일자로 한성전기회사의 설립과 서울시내의 전차·전등·전화사업의 시설 및 운영을 농상공부에 신청하여, 동 1월 26일자로 허가를 받았다.

한성전기회사는 장정(章程)이 있었으나 제대로 시행되지는 못하였다. 따라서 한성전기회사는 초대 사장에 이채연(李采淵, 한성부 판윤)이 임명되었을 뿐이고, 모든 업무는 처음부터 시공청부업자인 콜브란과 그의 직원들에 의하여 추진되었다.

회사설립 및 전기사업을 청원하는 데 명의인이 되었던 이근배·김두승[20]은 앞에서 살펴본 바와 같이 대외적으로 기밀을 유지하기 위한 위장전술로 등장한 사람들로서 실제로 회사 설립과 운영에는 전혀 참여하지 않았다. 사장에 이채연과 같은 현직고관을 추대한 것은 한말의 여러 민간회사 설립에서 흔히 볼 수 있는 일이었다. 그것은 정부 관료와 유대를 맺음으로써 각종 특전을 기대하였기 때문이다. 그러나 이채연의 사장 취임에는 남다른 뜻이 있었다.

이채연은 1887년 8월 박정양이 초대 주미공사로 부임하였을 때 번역관(飜譯官)으로 갔다가 뒤에 서기관으로 승진, 1890년 9월부터 1893년 6월까지 서리공사로 재직하였다. 그는 귀국 후 1894년부터 농상공부와 군부의 협변(協辨) 등을 역임, 1896년 10월에 한성부 판윤에 취임한 친미파의 한 사람이다. 이채연은 또한 한성전기회사의 설립과 전차사업의 건설 및 운영업무를 미국인에게 주는 데도 막후교섭을 담당하였다. 따라서 이채연의 사장취임은 미국인과의 교섭관계를 고려하여 취한 조치라 할 수 있다.

1898년 8월 15일 서울시내 전등설비 설치에 관한 계약을 콜브란과 체결하였다. 이 계약에서 콜브란은 한성전기회사로부터 32만원(일화)의 도급공사비를 받아 발전설비의 증설을 포함한 전등설비를 1901년 2월까지 완성키

20) 李根培는 정부의 參議를 지내고, 뒤에 京元鐵道會社의 사장과 內藏院卿을 지낸 관료이다. 金斗昇은 大韓天一 恩倖 創立發起人의 한 사람인데 순수한 상인출신의 富豪로 알려지고 있다.

로 하였다. 그러나 이 협정은 한성전기회사가 제1차 지불금 20만원을 1900년 2월 1일까지 지불하지 못하고 기자재 값이 상승함으로써 협정서 8항에 의거 1900년 8월 15일 수정계약이 체결되었다. 수정계약이 체결되고 일부 공사비가 지불됨에 따라 그해 10월부터 발전소 시설공사가 착공되어 이듬해 봄에 완성되었다.

발전소의 확장과 함께 배전시설 공사도 추진되었다. 전등보급의 첫 대상은 궁궐을 비롯하여 외국공관이 모여 있는 정동과 일본인 상가인 진고개, 그리고 남대문 및 서대문지역으로 계획되었다. 배전선은 먼저 전차용 배전주를 따라 가설하고, 그 뒤부터의 연장선은 단독 배전주를 세웠다. 시설공사가 완료됨에 따라 1901년 6월 17일 첫 번째로 경운궁에 전등 6개를 점등하였다. 이것이 우리나라 최초의 영업용 전등이다.

한성전기회사는 전등사업의 개시를 기념하고 또 이를 시민들에게 널리 선전하기 위하여 1901년 8월 17일 저녁에 동대문발전소에서 '전기개설 기념식'을 가졌다. 정부의 고관과 많은 귀빈들이 지켜보는 가운데 부장(副將) 민영환(閔永煥)이 엔진에 스위치를 눌러 발전기를 가동시켰다.

민간의 가정용 전등은 우선 진고개의 일본상인들에게 권유하여 역시 1900년 5월 하순에 점등을 개시했으며, 최초로 켜게 된 전등의 수는 약 600등으로서 대부분이 10촉광이었고 한 집에 두 등 이상을 켠 집은 극히 드물었다고 한다. 요금은 10촉 기준으로 한 달에 1원 60전이었다. 그러나 그 뒤 수요가 점차 늘어나 동대문발전소의 전력만으로는 공급이 부족하게 되었다. 1903년 용산에 제2발전소(현 마포대교 원효로쪽 강변에 있었다)를 건설하여 225kW짜리 발전기 2대를 설치하는 한편 남대문 안에 새로이 변전소를 건설하는 등 그 시설을 확충해 갔다.[21]

1904년에는 동대문발전소에 새로이 125kW짜리 직교류 병용의 발전기를 증설하여 총 발전력을 200kW로 늘려 전등경영의 준비를 한 후, 4월 10일에 처음으로 종로 네거리에 전등을 설치하고 점등한 것이 전기에 의한 가로등

21) 경성부, 『京城府史』 2권, 1934, p.604.

이 생긴 시초였다.[22)]

　1902년 이후 무모한 신규사업의 추진으로 한성전기회사의 채무는 갈수록 늘어났다. 콜브란, 보스트위크는 저당기한의 도래에 앞서 알렌을 통하여 채무상환을 청구하고 나섰다. 이후 대한제국 정부와 알렌간 채무분규가 계속되자, 이 사실은 일반시민들에도 알려지게 되었다. 콜브란, 보스트위크 등 미국인에 대한 시민들의 감정은 점차로 악화되었다.

　1903년 7월에는 손진민(孫振旼) 등 10명의 시민이 연명으로 콜브란 등의 부당한 처사를 비난하고, 시민들이 애국심에 의한 자발적인 '전차 안 타기 운동' 참여를 호소하는 통문을 각 동과 신문사 등에 배포하기도 하였다.

　이후 시민들은 전차 이용을 기피하고, 젊은이들은 전차를 타는 사람들에게 오물을 퍼붓는 등 신민의 승차를 제지하기도 하였다. 한미간의 공방전은 이후 6개월간 지속되면서 배상금청구액도 눈덩이처럼 늘어났다.[23)] 대한제국 정부와 콜브란, 보스트위크간 지리한 공방은 일화 75만엔을 즉시 현금으로 지불할 것을 조건으로 미국인법인체를 설립, 한성전기회사의 재산을 이전하고, 그 주식의 1/2을 고종에게 인도할 것에 합의하면서 타결되었다.

22) 「皇城新聞」 1900년(광무 4) 4월 11일자.

23) 『舊韓國外交文書』 제12권 (美案 3), p.489부터 여러 곳에 기록이 보임.

4. 한미전기회사

　한미전기회사 설립을 위한 계약이 1904년 2월 19일 고종 대리인 육군참장 이학균(李學均)과 콜브란, 보스트위크 사이에 체결되었다.[24]

　콜브란, 보스트위크는 계약이 체결됨에 따라 1904년 7월 18일 미국 코네티컷州 세이부르크市에서 자본금 100만 달러의 유한회사(有限會社)로 한미전기회사를 설립하였다. 사장에는 밀즈(H. R. Mills)를 선임 등록하였으나 대리인에 불과하고, 실질적인 사장과 부사장의 직함은 콜브란과 보스트위크가 각각 집행하였다.

　한미전기회사가 등록한 회사의 설립목적은 다음과 같다.[25]

> "한국에서의 土木業, 賣買, 土地貸借, 鐵道, 電燈, 電力電話線 및 필요물품, 각종 개인재산, 건축물과 그 부속물, 道路使用權, 允許特許 등의 利權執行, 관청, 개인회사, 단체, 상점 등과 임시 또는 정식의 각종 계약의 체결 및 집행, 保證社債, 證書, 기타 증권에 의한 金錢의 借入 또는 모집, 회사의 부동산과 개인재산의 質權과 差押의 집행."

　위의 설립목적에서도 알 수 있는 바와 같이 전기사업 외에도 토목, 건축, 부동산, 금융업 등 여러 부문에 영향을 미치고 있었다. 콜브란, 보스트위크는 실제로 고종을 업고 우리나라에서 많은 사업을 벌이면서 이권을 챙겨왔다.

　1904년 8월 1일 우리나라에서 정식으로 발족하고, 종로에 있는 사옥에 정식으로 문을 열게 되었다. 한미전기회사의 설립을 계기로 양국간의 현안문제가

24) 계약의 전문은 한국전력공사, 『韓國電氣百年史』 上, 1989. 11, pp.148~150 참조.
25) 한국전력공사, 『韓國電氣百年史』 上, 1989. 11, p. 250 참조.

타결되자, 시민들의 소요사태도 진정되어 전차사업은 다시 정상을 되찾았다.

전차사업이 안정됨에 따라 한미전기회사는 고종의 허가를 얻어 서대문~마포선의 건설 및 차량구입 등 시설확장을 결정하였다. 이에 소요되는 사업비와 운영자금을 조달하기 위해 세이부르크시에 있는 엠파이어 트러스트사(Empire Trust Co)에 한미전기 재산 일체를 저당하고, 30만 달러의 사채(社債)를 발행, 이를 차입하였다.

마포선은 1906년 7월 4일 서울의 일본이사청(日本理事廳)에 의하여 그들이 파견한 감독관의 지휘명령을 받는 조건으로 허가되었다. 전차사업에 대한 감독은 구한국정부의 고유권한이었다. 그러나 일본은 1905년 4월 1일 「한국통신기관의 위탁에 관한 협정」으로 우리나라의 통신기관을 접수하였다. 그리고 1905년 11월 17일 총칼의 위협으로 「을사늑약」을 강제로 체결한 이후 마포선 부설을 계기로 서울의 전기철도까지 불법으로 간섭하기에 이르렀던 것이다.

한미전기회사의 수입 중 전차의 수입이 대종을 차지하여 1907년의 경우 전차 객차수입이 60.9%를 차지한 반면, 전등료와 전등가설료 등 전등사업의 수입은 36.2%에 불과하였다. 지루하게 진행되던 한미전기회사의 매매계약 협상은 통감부의 종용으로 급속하게 추진되었다. 매매계약이 성립된 것은 1909년 6월 23일이었고 매매대금은 120만원(일화)이었다. 한미전기회사 매매 당시 서울의 전등 수는 8,093등이었다.

1909년 6월 콜브란과 일한와사주식회사 사이에 한미전기회사의 매매계약이 조인되고, 8월에는 계약서에 의한 인수인계가 완료되었다. 한미전기회사를 흡수한 일한와사주식회사는 1909년 7월 27일자로 일한가스전기주식회사로 그 명칭을 바꾸었으며, 동년 11월 마포발전소의 용량을 크게 늘려 사세를 확장하였다. 이후 일한와사전기주식회사[이하 일한와사전기(주)로 표기]로, 다시 경성전기주식회사[경성전기(주)로 표기]로 명칭을 바꾸었다. 이 회사는 전후 6차에 걸친 발전시설을 증설하는 등 1938년 1월 17일 폐쇄될 때까지 시설확보가 계속되었다.

III

우리나라의 전차도입과 운행

1. 전차의 도입

우리나라에 전차가 처음 등장하게 된 것은 한성전기회사[26]가 전차와 전등 및 전화사업의 허가를 받아 먼저 전차사업을 추진하면서부터이다. 그 이유는 전차사업이 어느 사업보다 채산성이 높은 것으로 기대하였기 때문으로 보인다. 1898년 당시 한성부의 인구는 약 21만 명으로 추산되고 있는 반면에, 서울시내에는 아무런 대중교통 수단이나 유흥시설이 없었다.

따라서 한성전기회사는 시민들이 호기심을 가지고 전차를 많이 이용해줄 것으로 기대하고 있었다. 그러나 한성전기회사는 전차시설 설치에 대한 경험과 기술이 없었기 때문에 1898년 2월 1일자로 미국인 콜브란과 서울 남대문에서 종로와 동대문을 거쳐 홍릉(명성왕후릉, 청량리)에 이르는 5마일(약 8km) 전기철도의 건설 및 설치에 대한 계약을 체결하였다.[27]

콜브란은 계약이 체결되자 곧 철도부설공사부터 착공하였다. 한성전기회사는 1898년 2월 22일에 한성부에 청원서를 제출, 철도부설계획을 알리고 이 공사에 시민의 방해 행위가 없도록 고시해줄 것을 요청하였다. 1898년 2월 22일자 『독립신문』에도 한성전기회사가 한성부에 청원한 남대문~홍릉간 전차선로 건설사업이 원활히 추진될 수 있도록 시민들에게 홍보하여 달라는 내용이 상세하게 실려 있다.

전기철도는 처음 남대문에서 종로를 거쳐 홍릉에 이르는 구간에 부설할 계획이었으나, 중간에 시발점이 새문 밖 즉 지금의 적십자병원 남쪽으로 바뀌었다. 이것은 경인철도의 서대문역과 연계시키기 위한 계획변경이었다.

26) 한성전기회사는 1898년 1월 18일 설립신청, 1월 26일 허가를 받아 설립되었다.

27) 韓國電力公社, 『韓國電氣百年史』上, 1989, pp.102~103에 영문을 번역한 내용을 재인용.

이 때문에 서대문 정차장 근처에 있던 민가 100여 채가 철거됨으로써 시민들의 원성을 사기도 하였다.[28]

전기철도의 설비공사는 순조롭게 진행되어 9월 15일에는 경희궁 앞에서 미국공사(美國公使)와 한성부윤(漢城府尹) 등이 참석한 가운데 기공식을 가졌다. 공사의 추진과 함께 건설 및 기자재설치를 담당할 기술자로 일본 경도전기철도(京都電氣鐵道, 동양 최초의 전기철도로 1894년 개통)의 설계자인 眞本平一郎(공학박사)을 위촉하였다.

眞本은 기술자 2명과 함께 1898년 10월 16일 내한하여 설계 등 실무를 담당하였다. 10월 17일에 단선 궤도부설과 가설공사를 착공하여, 12월 25일에 서대문에서 종로, 동대문을 거쳐 홍릉 즉 청량리에 이르는 전기철도공사를 준공하였다. 1898년 당시만 해도 서울거리에는 몇 대의 자동차와 인력거가 달리고 있을 뿐이었고 1대의 마차도 없었던 당시로서는, 시내에 궤도를 깔고 그 위에 전기의 힘으로 차량을 달리게 한다는 것은 하나의 경이요 혁명일 수밖에 없었다.

한편, 전차 운행에 필요한 발전소 입지로는 동대문 안에(현 동대문종합시장) 민영환 소유의 부지로 선정하고, 1898년 12월부터 기초공사를 착수하여 겨울 동안에 완성하였다. 이 발전소에는 125마력의 Babcock＆Wilocx 보일러 1대, 115마력의 엔진 1대, 75kW 직류발전기 1대가 설치되었다. 미국에서 들여온 전차 10대도 1899년 봄까지 조립을 마무리하여 만발에 준비를 하였다.

2. 전차의 개통과 운행

우리나라에 처음으로 전기철도인 전차가 등장한 것은 1899년(광무 3) 5월 17일(음 4월 8일)로, 동대문과 흥화문(전 서울고교 자리) 사이에서 성대한 전차개통식을 가지면서 대중교통의 새로운 전기를 마련하였다.[29] 제물포(인천)~노량진간의 경인철도가 개통되기 4개월 전의 일이다. 당시 전차는 40인승 전향식 개방차(轉向式 開放車) 8대와 황실전용 귀빈차 1대로 구성되어 있었다.

▲ 1899년 고종 첫 어용전차

29) 서울의 전차도입, 개통과 운행에 관련한 내용은 서울특별시사편찬위원회, 『서울交通史』, 2000. 12에 수록되어 있는 내용을 요약하여 전재하였으며, 세부내용에 대하여는 그 출전을 밝혀 인용하였다.

전차 개통식에는 귀족과 고관 및 각국 사신, 관원, 기타 민간유력자 다수를 초대하여 화려하게 장식된 8대의 전차에 분승시켜 동서를 흐르듯이 달리게 되었다고 한다. 마침 축제일이라서 놀러 나와 있던 많은 시민들이 그 괴이함에 놀랐으며, 전 선로가 사람들로 메워져 전차가 여러 번 멈추어야 했다고 한다. 전차 개통과 함께 조선 개국 이래 500여 년간 지속되었던 종로의 종소리에 맞추어 성문들을 개폐하는 제도가 폐지되었다.

개통식을 마친 전차는 약 2주일간의 각종 시험운행과 점검을 끝내고 1899년 5월 20일부터 일반 시민들에게 공개되었고, 그 첫 단계로 동대문~흥화문간을 오전 8시부터 오후 6시까지만 운행하였다. 전차는 서대문과 동대문의 루문(樓門) 안을 통행하였고, 일정한 정차장도 없이 전차를 이용할 승객은 전차가 운행하는 골목어귀에서 기다리다가 손을 들어서 타고 내렸다.

전차가 처음 운행할 당시에는 승차한 후 현금(8월 이후 승차권제도 시행)을 차장에게 지불하면 차장이 목에 달고 있던 레지스터(계량기)의 끈을 당기고 그러면 벨이 울리면서 숫자가 표시되도록 되어 있었다. 전차는 상등(上等)칸과 하등(下等)칸으로 구분되어 있었다. 차량의 중앙부에 창문과 셔터를 설치한 밀실이 상등칸이었고, 상등칸 앞뒤에 창문을 달지 않고 개방형으로 설치한 곳이 하등칸이었다.

▲ 최초 전차 개통식장(1899년)

　당시의 전차 기관사는 모두 일본의 경도전차(京都電車)에서 경험이 있는 일본인만을 초빙해왔고 차장은 한국인을 채용했다. 승차요금은 상등칸과 하등칸으로 나누어 종로~동대문간은 상등칸이 3錢 5分, 하등칸이 1錢 5分이었다. 전차가 개통되자 승객이 줄을 이어 한 번 타기가 매우 힘들었으며, 승차한 사람들 중에는 종일토록 하차하지 않고 타고 다니는 사람도 있어 계속 만원이 되는 바람에 승차를 단념해야 하는 사람의 수가 많았다고 한다.

▲ 개통 후 첫 전차운행 모습(동대문앞, 1899년)

　서울의 전차는 상업운전 초기에는 순조롭게 운행되었다. 그러나 운행 1주일째인 5월 26일 오전 1대의 전차가 동대문에서 서대문으로 운행하던 중 파고다공원 앞에서 철도를 건너던 어린아이를 치어 숨지게 하고 달아나려고 하는 사건이 발생하였다. 이를 목격한 군중들이 격분하여 전차 앞을 가로막고 기관사와 차장을 끌어내렸다. 기관사는 군중에게 몰매를 맞고 중상을 입은 채 달아나 버렸다. 이에 격분한 군중들이 전차에 불을 질렀고, 때마침 반대편에서 오던 전차를 만나자 도끼를 휘둘러 부수었다.

　콜브란은 그의 부하들과 미국인 종업원 전원에게 총기를 지급하여 군중을 향하여 공포탄을 쏘게 하였다. 다행히 군인들의 출동으로 폭동은 더 이상 확대되지 않았으나 이 사고는 사회에 큰 충격을 주었다. 이후 원만한 해결을 통하여 8월 10일부터 다시 운행이 재개되었다. 이후 전차에는 사고예방을 위하여 차량 앞뒤에 경종과 방호기를 설치하였다.

3. 전차사업의 확장

처음에 전차선로를 놓았을 때는 고종 황제의 홍릉 행차에 편의를 제공한
다는 데 주된 목적을 두었으나 막상 전차가 개통된 후 고종의 홍릉행에는
그다지 이용되지 않았다고 한다. 전차의 모양이 상여를 닮았다고 하여 불길
하게 생각한 탓이었다고 한다.[30]

▲ 종로전차정류장(1903년)

당시의 객차는 나무의자에다가 창문도 없어 비가 내리면 우산을 받쳐야
했고, 특히 겨울철이면 북한산 찬바람에 견디기 어려울 정도의 한기를 느껴

30) 경성전기주식회사, 『京城
電氣株式會社六十年沿革
史』, 1958, p.230 참조.

야 했다고 한다.[31] 그러나 차가 빠르고 편리했기 때문에 승객은 끊이지 않았으며 노선을 연장해야 한다고 하는 요구가 대단했던 것 같다.

한성전기회사는 1898년(광무 2) 중에 전차선로를 종로 네거리에서 남대문까지 연장 부설하고, 또 다음해 1899년에는 이를 다시 구 용산(지금의 원효로 4가)까지 연장하기로 결정하여 1899년 1월에 기공해 1900년 1월 준공하고, 1월 9일과 10일 2일간에 정부의 고관들을 초청해서 시운전을 가진 후에 개통하였다.

이에 앞서 1899년 9월 18일에 경인철도의 인천(제물포)~노량진간이 개통되었는데, 약삭빠른 일본인 중에 노량진에서 용산까지 궤도를 깔아 손으로 미는 도록꼬(手抻式 人車鐵道)[32]로써 승객을 운반하는 것을 업으로 하는 자가 생겨 용산까지는 전차로, 거기서 노량진까지는 수압식 궤도차(手抻式 軌道車)로, 노량진에서 인천(제물포)까지는 철도로 수송되는 임시 수송체가 이루어졌다.

전차 승객의 수가 계속 늘어나자 1900년 4월에는 오픈카로 된 객차 6대와 화차 5~6대를 새로 도입하는 한편 한성전기회사는 전차의 승객이 날로 늘어나서 기업의 채산성이 밝아지게 되자 1901년(광무 5) 7월에는 남대문에서 서소문을 거쳐 서대문에 이르는 의주로에 전차선로를 부설하였다. 이 선로는 당초에 예상했던 것만큼의 승객이 없었던 탓으로 수지가 맞지 않아 2~3년 후에 철폐되었다.

1909년 한미전기회사 매매 당시 전차 차량 수는 객차가 37대(그중 1대는 귀빈차, 나머지는 open car), 화물운반차가 13대였으며 전차의 일일평균 승객 수는 약 370명 정도였다고 한다. 1910년 8월 26일 종로~남대문로~동자동간 전차를 복선으로 개통한 데 이어 창경원선, 을지로선, 왕십리선 등을 신설하는 외에 1910년 이전에 포설된 본선인 서대문~청량리간 선로 중 종로~동대문간의 복선화 공사 등을 대대적으로 전개하였다.[33]

1915년 9월 11일 경성전기(주)로 개칭될 때까지 일한와사전기(주)는 무엇보

31) 京城電氣株式會社, 『のびゆく京城電氣』, p.9.

32) 철도의 현장이나 토목사업의 현장에서 이를 "도록꼬" 또는 "도로"라고 부르고 있다. 孫禎睦, 『韓國開港期 都市社會經濟史研究』 제3판, 1992, p.144에 의하면 영어로 "trolley"라고 부르며 "도록꼬" 또는 "도로"라는 것은 일본사람들로부터 내려오는 현장속어라고 정의하고 있다.

33) 경성전기주식회사, 『京城電氣株式會社六十年沿革史』, 1958, pp.256~257 참조

다 운수업설비 확충에 주력하였다. 경성전기(주)는 1927년 전차와 버스를 연계 운행하는 것이 경제적이라는 판단 아래 버스영업을 신청하였다.

▲ 돈의문(서대문)을 지나는 전차(1904년 무렵)

　그러나 조선총독부는 공익사업을 이유로 경성부에 영업허가를 주었고, 1928년 한성부영(漢城府營) 버스가 운행되었다. 시내교통 통제의 필요성이 무르익어 1933년 부영버스 운행을 경성전기(주)에 이양하였다. 1937년 중일 전쟁 발발로 초기의 호황과 여러 가지 여건으로 승객이 크게 증가하여 수입 이 증대하기도 하였다.[34]

34) 서울특별시사편찬위원회, 『서울交通史』, 2000. 12. pp. 269~272 참조.

▲ 1930년 운행된 150인승 대형 보기전차

1945년 광복이 되면서 전차사업도 우리 손으로 넘어오게 되었는데, 1945년 8월 15일부터 1주일간은 전차요금을 받지 못했다고 한다. 또한 8월 15일 101대 출차한 전차가 9월 초에는 59대로 격감하였다. 이후 계속 줄어 1947년 7월에는 27대로 운행대수가 줄었다. 매년 손실이 누적되고, 서울의 교통난은 여전히 해결되지 않았다. 이후 차량의 정비 등을 거쳐 1950년 한국전쟁 직전에는 167대를 운행하여 교통난 해소에 크게 기여하였다. 1951년 왕십리선 개통 때는 운행가능 대수가 10여 대에 불과하였다. 1951년 12월 1일에는 궤도복구가 되어 한강교선을 제외하고는 전선로를 복구하였다.

1952년 7월 3일 교통부 조치로 미국산 전차 40대를 구입하여 부산의 남선전기주식회사[이하 남선전기(주)로 표기]와 20대씩 나누었다. 1951년 4월 25일 두 차례에 걸친 전력복구단이 편성되어 전기시설복구와 함께 피해차량 수리에 착수하였다. 동년 7월 말에 71대, 12월 말에 45대, 1952년 5월 말에 71대, 1953년 8월 중에 135대를 완전 복구하여 운행대수가 110대를 돌파하였다.

▲ 서울역앞 전차운행 모습(1952년)

1955년 6월 ICA 원조자금에 의한 미제전차 도입 승인으로 6월 10일~12월 28일 사이에 도입한 53대 중 경성전기(주)에 34대, 남선전기(주)에 19대가 배정되었다. 1961년 7월 1일 전기 3사(조선전업·경성전기·남선전기)의 통합으로 서울과 부산의 전차사업도 극도로 노후화된 설비와 누적된 적자를 안고 한국전력주식회사[이하 한국전력(주)로 표기]로 넘어갔다. 1962년에는 왕십리선, 청량리선 등의 궤도보수, 미국산 전차 및 중형차 일부개수 등이 있었다.

1963년도에는 일본 富士車輛(株)에서 제작한 신차 10대를 5월 30일 도입하여 서울에 8대, 부산에 2대를 배차해 낡은 차와 교체하였다. 그 밖에 마포차고 궤도연장, 서대문궤도 개수, 서울역 앞 궤도개수, 돈암동선 궤도개수 등 개·보수공사가 있었다. 한국전력(주)이 서울의 궤도사업을 이관하기 위해 서울시와 상환가격을 놓고 10개월에 걸친 논의 끝에 1966년 6월 1일 서울시에 이관하였다. 이후 서울의 전차는 계속되는 적자와 도로교통의 폭주로 1968년 11월 30일 운행이 폐지되었다. 즉 12월 1일부터는 운행하지 않

▲ 서울의 전차운행 모습(1962년)

앉다. 전차개통이 1899년 5월 17일이었으니, 정확히 69년 6개월 13일간 운행한 것이다.

서울역사박물관에서는 2008년 1월, 1968년 11월 30일을 끝으로 운행을 마감한 1930년대에 제작된 전차 1량을 보존처리를 통해 원형을 복원하여 시민들에게 서울의 역사와 문화를 보여주는 전시물로 활용한다고 밝혔다. 이 전차는 1930년대부터 1968년까지 운행되었던 객차 1량으로 길이 13.7m, 너비 2.15m, 높이 2.9m이며, 일본차량주식회사에서 제작되었던 것으로 전차운행이 중단된 이후 한국전력㈜이 보존해오다가 서울어린이대공원이 개장된 이후 옮겨져 전시되고 있었다.

▲ 마지막 전차 381호(어린이대공원 야외전시 장면)

IV

부산의 전기도입

1. 부산전등(주)

부산에 전기가 처음 도입되는 계기는 1902년 5월 전기회사를 설립하기 위해 당시 부산에 거주한 일본인들 중에서 가장 실력자였던 大池忠助 · 迫間房太郎 · 五島甚吉 등이 반액을 출자하고, 일본의 경도전등주식회사(京都電燈株式會社)의 大澤善助 사장 일파가 나머지 반액을 출자하여 자본금 5만원(일화)으로 부산전등주식회사[이하 부산전등(주)로 표기]가 창립된 것이 시초이다.

부산전등(주)은 자본금이 이렇게 소액이다 보니 시설도 빈약하여 증기력 저압직류(蒸氣力 低壓直流) 180kW의 출력으로 겨우 부산일본인 전관거류지 내에만 송전할 수 있었다. 그후에 자본금이 10만원이 되었고 시설이 확장되기는 했지만 그 능력은 미미한 것이었다고 한다.[35]

▲ 대청정 2정목(대청동 2가)에 있었던 부산전등(주) 사옥

35) 조선와사전기주식회사, 『朝鮮瓦斯電氣株式會社發達史』, 1938, p.29.

부산전등(주)은 일본인이 그들 손으로 우리나라에 설립한 첫 번째 전기 사업체였고, 서울의 한성전기회사에 이어 두 번째 전기회사였다. 그러나 그 규모는 한성전기회사에 비할 바는 아니었다. 부산전등(주)은 大池忠助·迫間房太郎 등 일찍부터 부산에 거주한 일본인들이 주도하고 있었다.

대마도 출신인 大池忠助는 1876년 「강화도조약」이 체결됨에 따라 부산항이 개항되자, 부산일본인 전관거류지가 설치되기 전인 1875년에 부산으로 건너와서 해산물 무역과 정미공장, 잡화상 등을 경영하며 부(富)를 축적하였다. 또한 迫間房太郎은 1880년 일본 오사카 五百井商店 부산지점장으로 건너왔다가 개인기업으로 무역상을 한 바 있으나, 경상남도 일대에서 대부업과 토지투기로 일약 거부(巨富)가 된 사람이다.[36]

전기에 문외한이었던 이들은 자기들만으로는 사업을 펼치기 불안하였던지 일본 경도전등(주) 사장인 大澤善助를 끌어들여 1900년 11월 전기회사 설립을 위해 발기하여 부산 일본영사관에 신청하였고, 동년 11월 18일 허가를 받게 되었다. 이후 1901년 9월 12일 자본금 5만원의 부산전등(주)을 설립하여, 1902년 4월 1일부터 본격적인 영업을 개시하였다.

▲ 초기 전기불 밝힌 야경

36) 한국전력공사, 『韓國電氣百年史』上, 1989, p.211.

 부산에서 처음으로 전기불(전등)을 밝힌 것은 1902년의 일로 용미산에 설치된 발전소에서 전기를 생산하여 선전용으로 지금의 광복동 거리 군데군데 여러 개의 가로등을 밤마다 밝혔다고 한다.[37]

 부산전등(주)은 처음에 90㎾ 기력저압 직류발전기(汽力低壓 直流發電機)로 영업을 시작하였고, 이후 전기용량을 180㎾로 증설하였다. 당시 부산전등(주)의 발전소는 용미산[38](龍尾山, 옛 부산시청 자리, 지금은 제2 롯데월드 건설공사 중)에 있었다. 용미산에 발전소가 설치되기 이전까지만 하더라도 이 일대는 소나무가 우거져 있는 갯가였다. 그 동쪽 갯가에는 부산해관(釜山海關, 지금의 부산경남본부 세관)이 자리 잡고 있었다.

▲ 1900년 용미산(용두산) 바닷가 마을(왼쪽 위가 용미산)

37) 부산직할시 중구, 『中區誌』, 1990, p. 397.

38) 1740년에 간행된 『동래부지(東萊府誌)』에는 송현산(松峴山), 동산(東山)으로 표기하고 있다.

 지금의 영도다리(영도대교, 1934년 개통 당시에는 부산대교 였음) 왼쪽부근인 남쪽 갯가에는 영도 봉래동으로 건너다니는 나루터가 있었고, 그 옆으로는 남빈

해수욕장(南濱海水浴場, 지금의 자갈치시장 일대)이 자리 잡고 있었다.

　1911년 11월 부산전등(주)을 한국와사전기주식회사[이하 한국와사전기(주)로 표기]가 매수할 당시에는 수용호수 873호에 전등수(10촉광 환산) 4,076등으로 늘어났고, 자본금 10만원에 16%의 주식배당을 실시하는 등 짭짤하게 재미를 보고 있었다. 일제의 시책에 따라 회사를 양도하기는 하였으나, 이런 실적 때문에 양도 가액은 자산과 사업권리까지 합하여 자본금의 2배로 평가받고 195,300원에 매도하였다.

▲ 아미산에 바라본 부산항(1910년대 초, 용두산 앞의 용미산에 발전소가 있었다)

2. 한국와사전기(주) 설립

일본 제국주의는 한국강점 직전 우리나라의 관문인 부산을 대륙 진출의 전지기지로 삼기 위하여 부산의 일본거류민을 부추기기 시작하였다. 1906년 (명치 39) 부산부에 전차영업을 목적으로 한국와사전기(주) 설립을 발원하여 한국정부에 특허를 출원하였다가 일시 중지하였다. 이후 동경마차철도주식회사(東京馬車鐵道株式會社)는 牟田口元學 등 27명의 이름으로 발기하여 전기회사 설립을 재추진하게 되었다.

당시 서울에서 1910년 초 일한와사전기(주)가 발족되어 본격적인 가동에 들어가면서, 이후 부산에도 일본인 사이에는 서울과 같은 종류의 대규모 와사전기회사(瓦斯電氣會社)를 설립해야겠다는 기운이 감돌았다. 이에 1910년(명치 43) 4월 24일 마츠다이라 마사오(松平正直) 외 27명이 발기하여 대리인 텐쇼(吉本元祥, 동경), 사토 준죠(佐藤潤象, 부산) 양인이 부산에 전차와 전등 및 와사사업의 특허 출원을 부산이사청(釜山理事廳)에 제출하여, 동년 5월 18일 허가를 얻기에 이르렀다.

따라서 회사 창립을 위한 준비를 추진함과 동시에 5월 19일 부산전등(주) (매수가액 : 20만원) 및 부산궤도[이하 부산궤도(주)로 표기, 매수가액: 5만 5천원]에 매수 가계약을 체결하여, 동년 10월 18일 자본금 300만원(1회 불입액 75만원)의 한국와사전기(주) 창립총회를 개최하여 설립하였고, 본사는 동경에 설치하고 지점을 사업지인 부산에 설치하여, 동 10월 26일 등기를 완료하였다.[39] 뒤이어 부산전등(주)과 부산궤도(주)를 정식으로 인수하였다.

39) 본사는 東京市 京橋區 木挽町 10丁目 1番地에, 부산지점은 釜山府 大廳町 2丁目 19番地에 두었다.

▲ 부산발전소 전경(옛 부산시청 자리)

▲ 발전소 내부 전경

　동년 11월 7일에는 부산부 대청정 2정목(대청동 2가)에[40] 지점 설치와 등기를 완료하였고, 12월 18일 부산전등(주)을 완전 인수로 영업권을 계승하여 전등사업의 본격적인 영업을 시작하였다. 주력사업은 전기철도, 전등전력, 와사사업 등 세 가지 사업이었다.

　1911년(명치 45) 1월 31일 현재 공급 백열등은 4,076등, 10촉으로 환산하면 4,311등이며, 전선 연장이 3里27町35間[41]이고 수용가호수는 873호이다. 7월 26일에는 대청정 1정목(대청동 1가) 31번지로 지점을 이전하였고, 1913년 1월 31일 절영도(지금의 영도) 해저전선로 설치 허가를 신청하여, 3월 8일 허가를 얻어 공사를 착공하였다. 동년 3월 29일 한국와사전기(주)의 회사명을 조선와사전기주식회사[이하 조선와사전기(주)로 표기]로 개칭하였다.

　용미산에 있었던 발전소가 토성동(지금의 한국전력 중부산지점 자리)으로 옮겨갔으나 그 시기는 정확히 알 수 없다. 1913년 12월 16일 조선와사전기(주) 부산지점이 대청정 2정목(대청동 2가)에서 토성정 1정목(토성동 1가) 160번지로 옮겨간 이후 발전소도 옮겨간 것으로 보인다.

　조선와사전기(주)의 발전과 더불어 경영을 맡았던 牟田口元學과 佐藤常務

40) 부산관련 지명(동명)에 대해서는 일제강점기에는 당시 지명(동명)을 표기하고 괄호 안에 현재의 지명(동명) 표기를 원칙으로 하였다. 다만 광복 이후에는 현재의 지명(동명)을 중심으로 정리하였다.

41) 里는 약 393m, 町은 약 109m, 間은 약 1.81m이다.

등은 초기 무리한 경영으로 큰 어려움에 봉착하게 되었다. 첫째, 목적으로 삼았던 전기와 와사공급, 그리고 전기철도 운행이라는 3대사업 중 주력사업이어야 할 전기사업보다는 궤도 철도사업에 더 많은 관심을 쏟았다. 부산궤도(주)를 인수하여 경편철도를 계속 그대로 운행하였으며, 1911년 7월에는 울산·경주·대구·포항·장생포에 이르는 경편철도 부설을 신청하여 다음 해 7월 허가를 얻은 것이다. 그러나 회사 발족 이후 자본금 불입도 시원치 않아 자금사정 악화로 사업이 제대로 이루어지지 않았다.

둘째, 부산시내의 전기사업에는 지극히 소극적이었다. 조선와사전기(주)는 한동안 부산전등으로부터 인수한 180kW 발전설비에만 의존하였을 뿐 수요증가에 대비한 증설을 외면하고 있었으며, 1912년 봄에 증설을 서둘러 동년 10월에 600kW 가스엔진발전설비가 갖추어졌다.

셋째, 초기의 허약한 경영체제에서 경영실적에 상반되는 무리한 배당을 감행하였다는 점이다. 12% 배당을 장담하면서 발족한 경영자로서 체면상 불가피하였을지는 몰라도 그것은 무모할 정도였다고 한다.

▲ 본사전경(현 한전 중부산지점)

1915년 들어서도 회사의 적자가 지속되자 급기야 경영진이 퇴진하고, 뒤이어 香推源太郎이 여러 사람들의 권유를 받아 1915년 8월 회장겸 상무로 취임하였다. 香推는 취임과 동시에 자신에 대한 보수를 반납하고, 회사인원을 10% 감원하였고, 그로부터 약 5년간에 걸쳐 주주배당비율을 억제하는 동시에 쇄신을 기도하는 한편으로 과감한 투자와 적극적인 경영에 나섰다.

1919년 많은 사람들의 반대를 무릅쓰고 2,000kW 터빈발전기를 스웨덴에 발주하여 1921년 설치하게 됨으로써 늘어나는 전등수요에 적절히 대처할 수 있었다. 1923년엔 동형의 2,000kW를 추가도입한 데 이어 1931년에는 영국제 5,000kW 기력을 증설하였다. 이러한 전기사업에 역점을 두고 경영쇄신에 주력한 결과 1921년에는 회사를 점차 정상궤도에 올려놓게 되었고, 1922년 10%의 주주배당을 시작으로 그후 11~12%선까지 올려놓을 수 있게 되었다.

1920년에는 전기사업의 부영화(府營化)가 대두하게 되었다. 부산에 있어서의 전기사업에 대한 공영화(公營化) 문제는 특이하게도 민간(民間)에 있었다기보다는 오히려 관(官)이 주도하였고, 장기간 물의를 빚기도 하였다.[42]

1919년 제2대 부산부윤으로 부임해 온 本田常吉은 1921년 5월 조선와사전기(주)에 대하여 전차사업을 부산부에 양도하라고 요구하였다. 이에 조선와사전기(주) 경영진에서는 그렇다면 전차뿐만 아니라 전기사업까지 모조리 인수해 가라고 배수진을 치고 이에 맞섰다. 이후 매매가를 두고 양측은 한 치의 양보도 보이지 않았다.

1923년 3월 제3대 부산부윤에 취임한 小西恭介는 전임자보다 한술 더 떠 처음부터 전기사업 전체를 부영화(府營化)하겠다고 나섰으나 그도 역시 중도에 전임하였다. 1928년 9월 제5대 부윤 桑原一郎은 역대 부윤의 현안과제였던 전기사업 공영화를 기필코 달성하고자 적극적으로 추진하였다.

그 무렵 전기사업의 부영화는 평양부(平壤府)에서 활발하게 전개되었다. 평양전기주식회사[이하 평양전기(주)로 표기] 전력공급 자체가 지나친 폭리이니 전

42) 박원표, 『釜山의 古今』, 태화 출판사, 1965, pp. 97~102.

력공급 일체를 부영으로 하라는 강력한 평양시민의 시민운동의 압력으로 평양전기(주)가 경영권을 포기하다시피하자 평양부가 120만원으로 이를 매수하여 1927년 3월 1일부터 부영으로 전기사업을 운영하기 시작해 큰 성과를 올리게 되면서부터[43] 전국 각지로 그 영향을 크게 미치게 되었다.

1929년에 접어들자 부민들로 구성된 '전기사업부영기성회(電氣事業府營期成會)'가 시내 도처에서 잇따라 부민대회를 열고 조선와사전기(주)를 압박하기 시작하였다. 이러한 부산부민들의 민중운동이 확대되자 경남도지사가 조정에 나서게 되었고 그 결과 양측은 672만엔으로 타협을 보았다. 이로써 평양에 이어 부산에서도 전기사업 공영화가 실현되는 듯하였다. 부산부는 공채발행으로 조선와사전기(주) 인수자금을 마련하고자 이를 추진 중에 있었다.

그런데 공교롭게도 1929년 4월 일본정부의 개각으로 새로 들어선 濱口 내각은 때마침 불어 닥친 세계경제공항에 대처하고자 극단적인 긴축제정을 펴면서 공공단체의 기체마저 일체 금지시킨 것이다. 또한 조선총독까지 부산으로 내려와 정부의 입장을 설명하고 부영화 추진을 무마하였다. 이에 따라 8년 동안 계속하여 이어졌던 열화와 같았던 부산의 전기사업 공영화도 좌절할 수밖에 없었다.

1927년에는 밀양전기주식회사의 매수를 계기로 사업영역을 확대하기 시작하여 구포·삼랑진·물금·양산 등 지역에 송배전선을 연장하였다. 1931년에는 진주전기주식회사를 매수하고, 1935년에 함안전기주식회사 및 경도전기(주)의 마산·진해지점을 인수함으로써 경상남도 일대에 걸쳐 그 영업지역을 넓혀 나갔다.

1933년 3월 말 현재 조선와사전기(주) 관내 총 가구 수 108,611호 중 전기수용 가구는 27,623호로 전기 보급률은 25.4%였다. 그러나 민족별로 보면 일본인의 경우 총 가구 13,801호 중 전기사용 가구 수는 12,493호로 보급률이 90.5%인 데 비해 한국인의 경우 총 가구 수 94,603호 중 전기사용 가구 수는 15,048호로 15.9%에 지나지 않았다.

43) 韓國電力公社, 『韓國電氣百年史』 上, pp.251~259 참조

▲ 진주변전소 전경

　1937년 전기사업의 합리화로 인하여 합병 움직임이 일면서 동년 3월 10일 조선와사전기㈜는 대흥전기주식회사를 주축으로 서울 이남지역의 6대 전기회사가 합병[44]되어 이루어진 남선합동전기주식회사[이하 남선합동전기㈜로 표기]로 통합되었다. 이후 성남전기주식회사와 강릉전기주식회사를 흡수하여, 1946년 5월 29일 남선전기㈜가 탄생하게 되었다. 1961년 7월 1일에는 기존의 전기 3사(조선전업·경성전기·남선전기)가 한국전력㈜로 통합됨에 따라서 전차사업의 운영을 맞게 되었으나, 극도로 노후화된 설비와 누적된 적자로 어려움은 계속되었다.

44) 조선와사전기주식회사, 『朝鮮瓦斯電氣株式會社發達史』, 1938, 부록 중 주요 연보 참조.

V

부산의 전차도입과 운행

1. 증기철도의 부설

1876년 부산항이 개항된 이후에도 오랫동안 교통수단으로 남자들은 조랑말이나 나귀를 타고 먼 길을 다니던 것이 가장 호사스러운 나들이 길이었고, 아낙네들은 가마를 타고 다니는 것이 가장 호강스런 나들이였다.

증기기관(蒸氣機關)을 차량에 응용한 것은 18세기 후반부터 영국 등에서 시도되었으나, 1804년 R.트레비식이 철제궤도 위를 달리는 증기기관차를 시작으로 본격화되었다. 또 1814년 G.스티븐슨이 증기기관차 개발에 성공하여, 1825년에 만든 로커모션호가 세계 최초로 부설된 철도인 스톡턴~달링턴간 운행으로 실용화에 성공하였다.

기관차의 대형화는 19세기 말까지 크게 진척됨에 따라 견인력도 점점 증대하였다. 우리나라에 증기기관차가 처음 도입된 것은 1889년 주미대리공사 이하영이 철도모형을 궁중에서 관람시킨 이후 1899년 서울(노량진)~인천(제물포)간 경인선 철도 개통 때 미국 브룩스사에서 제작한 모걸(Mogull)탱크형 기관차가 등장한 것이 최초이다.

부산에 증기철도, 즉 경편철도(輕便鐵道)[45]를 설치하게 된 동기는 1876년 부산항 개항과 부산일본인 전관거류지의 설치로 부산을 찾는 일본인들이 늘어나면서 동래 온천장의 온천욕 이용과 금정산(金井山)의 관광을 하는 일본인들이 늘어나 인력거나 우마차를 이용하는 데 대한 불편함을 해소하기 위해서였던 것으로 보인다. 부산에 증기철도(蒸氣鐵道) 사업이 계획된 것은 1897년(광무 원년)으로 소급된다.

45) 궤도 간격이 좁고(폭 76㎝) 객차가 적개 달린 일본식 열차로 지금을 찾아볼 수 없지만 1995년 철거된 수원~인천간의 수인선(水仁線, 표준궤간(軌間 ; 1435㎜)이 이에 해당된다. 경편철도는 급속히 선로를 연장시킬 필요가 있는 경우, 지형이 험하여 대규모 토목공사를 하기 어려운 경우, 지역경제가 미성숙하여 자본축적이 부족한 경우 등에 건설되어 왔다. 그러나 차량 교통수단이 발전됨에 따라 차츰 자취를 감추게 되었다.

부산에서 민족자본에 바탕을 둔 철도부설은 부산경무관을 지낸 박기종(朴琪淙)에 의해 이루어졌다. 그는 1898년 부하철도회사(釜下鐵道會社)를 설립하여 부산~하단간 철도부설을 시도하였다.[46] 또한 1899년 대한철도회사(大韓鐵道會社)를 설립하여 서울~의주간의 철도부설을 착수하였으며, 삼량진~마산간의 삼마철도(三馬鐵道) 건설을 시도하기도 하였다.

이러한 철도회사의 설립은 열강의 철도이권 획득에 대항하는 철도의 자족자영운동과 같은 성격을 갖는 것이다. 박기종의 계획은 자본과 기술의 부족 및 일본의 방해로 달성은 보지 못했으나, 정부와 민족기업가들에는 큰 경종이 되었다.[47]

부산에 궤도시설(軌道施設)을 본격적으로 설치하기 시작한 것은 1909년 6월 20일 부산에 거주하는 일본인 실력자인 大池忠助 등 6명이 부산경편궤도(주)의 설립을 발기하여, 부산의 일본인거류민단의 후원을 업고 그들 상호간의 양해를 얻은 후 조선의 내무대신에게 부산진~동래간 경편궤도 부설

46) 민간인 철도회사로서 최초로 철도부설에 나선 것은 박기종·윤기영 등이 발기 조직한 부하철도회사였다. 자세한 내용은 부산직할시 사편찬위원회, 『釜山市史』 제1권, 1989, pp.862~865 참조.

47) 조기준, 『韓國資本主義成立史論』, 大旺社, 1985, p. 294.

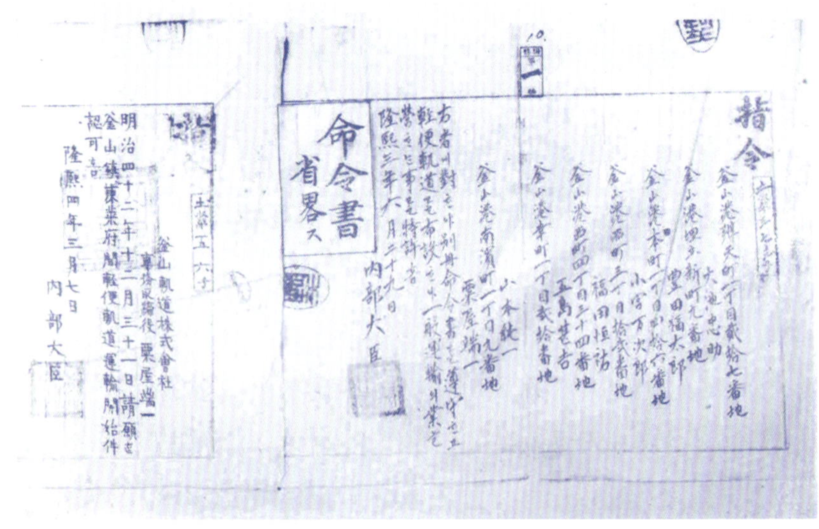

▲ 경철포설허가서(융희 29. 6. 29)

을 출원해 6월 29일에 내무대신으로부터 부설권의 허가를 받음으로써 본격적으로 시작되었다.

1909년 8월 15일에 자본금 10만원[48]으로 부산경편궤도(주) 창립총회를 개최하여 취제역에 大池忠助 외 4명, 감사역에 迫間房太郎 외 1명, 전무 취제역에 粟屋端一이 선출되었다.[49]

동년 8월 29일 부산경편궤도(주) 설립 등기를 마쳤다. 설립등기 완료 직후 전용궤도(2呎)[50] 부설공사에 착수하였고, 11월 말에 부산진성 내~동래 남문간[51] 4哩 19鎖(6.7km)[52]의 공사를 완료하여 12월 2일부터 운행을 개시하였다.

또한 동래남문~온천장[53]까지 연장 1哩 76鎖(약 2.82km)의 부설공사는 12월 18일에 준공하여, 12월 19일 동래남문~온천장간 운수영업을 개시하였다. 부산진~동래 온천장간의 증기궤도는 실제로 우리나라 사설철도의 효시로, 대한제국시대의 유일한 것이었다.

당시 사설철도 열차의 운전과 관련하여서는 어떠한 법령도 없었다. 따라서 회사는 감독관청의 허가를 얻어 열차운수규정을 제정하였으며, 보안방식은 표권(票券)방식으로 하였는데, 이것은 통감부 철도청의 운수규정에 준한 것이었다. 또한 부산진~동래 온천장간 운수 개시와 함께 국유철도 부산·초량 양 역과 사선(私線)간에 여객·수화물의 연대 운수를 실시하였다.[54]

1910년(명치 43) 4월 24일 松平正直 외 27명이 한국와사전기(주) 설립을 발기하여 부산에 전차와 전등 및 와사사업의 특

▲ 부산에서 최초 운행됐던 증기기관차(1910년)

48) 1929년 조선총독부철도국에서 간행한 『朝鮮鐵道史』 제1권에서는 자본금 10만원이라 기록되어 있으나, 1912년 부산상업회의소에 간행한 『釜山要覽』에서는 자본금 5만원으로 기록되어 있다.

49) 朝鮮總督府鐵道局, 『朝鮮鐵道史』 제1권, pp.728-729.

50) 呎은 야드파운드법의 길이의 단위인 피트로 1피이트는 약 30.48cm, 呎은 영국과 미국의 길이 단위인 인치로 1인치는 약 2.54cm이다.

51) 당시 부산진성 내는 지금의 부산진지성(자성대) 앞이며, 동래남문은 지금의 동래경찰서 자리에 동래읍성 남문이 있었던 자리이다.

52) 당시의 거리로는 1哩는 1.6km이고, 1鎖는 약 16m 정도의 길이의 단위이다. 여러 기록에서 거리는 약간의 차이를 보이고 있으나 여기서는 朝鮮總督府鐵道局에서 간행한 『朝鮮鐵道史』 제1권(1929)에 수록된 자료를 이용했음을 밝혀 둔다.

53) 당시의 온천장역은 온천교(1926년 가설)를 지나지 않고 지금의 현대병원(동래구 문화로 517)이 있는 부근이었던 것으로 추정된다. 1968년 5월 19일 전차가 마지막 운행될 당시의 온천장 종점은 1926년 온천교가 가설된 이후 1927년 10월 선로신설과 온천장 종점 건물을 신축하여 연장한 것이다. 그 위치가 지금의 부산은행 온천동지점 부근으로 그 뒤쪽이 종점이었다.

54) 朝鮮總督府鐵道局, 『朝鮮鐵道史』 제1권, 1929, p.729.

허 출원을 부산이사청(釜山理事廳)에 제출해 5월 18일 허가를 받았다. 5월 19일 부산경편궤도(주)(매수가액 : 5만 5천원)의 매수 가계약을 체결하였다. 동년 10월 18일 창립총회를 개최하여 본사를 동경에, 지점을 부산의 대청정 2정목(대청동 2가) 19번지에 설치하였고, 10월 26일 등기를 마무리하였다. 동년 11월 29일 부산경편궤도(주) 매수의 허가를 조선총독부에 신청하여 12월 18일 허가를 받아 영업권 계승으로 마무리되었다.

▲ 부산진~동래간 운행하는 증기기관차(1910년대)

한국와사전기(주)는 부산경편궤도(주)를 매수한 이후 본격적인 철도 건설 사업에 뛰어들면서 1911년 울산~경주~대구간, 그리고 경주에서 분기하여 포항까지를 연결하는 경편철도 건설을 계획하는 등 발전을 거듭한다.[55]

1911년 4월에는 화재로 말미암아 기관차가 손상을 입었고 차량 7대가 소

55) 朝鮮總督府鐵道局, 『朝鮮鐵道史』 제1권, 1929. pp. 730~731.

실된 데에 겹쳐 7월에는 장마철 폭우로 선로가 침수·파괴되는 등 수난을 겪었다. 그런데도 당시 경영진은 궤도사업의 복구뿐만 아니라 설립 당초부터의 포부였던 철도노선 확장을 추진하였다.

한국와사전기(주)는 가스사업의 개시, 전등확장 그리고 전차궤도 부설을 주 목적으로 하여 설립되었다. 1910년 12월 부산경편궤도(주)를 인수한 후 궤도사업 확장의 일환으로 시내 교통편의 제공과 이익 창출을 위해서 시내 노선 확충을 계획하였다.[56]

첫째, 부산 정차장을 기점으로 장수통(長手通, 현 광복동), 신정통(辛町通, 현 창선동)을 경유하여 토성정(土城町, 현 토성동)에 이르는 고등여학교 앞을 돌아 대청정통(大廳町通, 현 대청동)을 경유하여 매립신정(埋立新町) 정차장에 도달하는 도로.

둘째, 토성정 고등여학교 남쪽 신유곽(新遊廓)도로를 기점으로 신유곽지, 부평정(富平町, 현 부평동) 입구, 보수정(寶守町, 현 보수동) 경유하여 부민정(富民町, 현 부민동), 감옥도로에 이르는 남쪽 곡선의 재판소 앞에 도달하는 도로.

셋째, 부산역 정차장에서 세관산(영국영사관산)을 착평한 신도로(新市街 榮町) 및 초량고관(현 수정동 부근)을 경유하여 부산진 정차장에 도달하는 도로 등이다.

한국와사전기(주)는 부산경편궤도(주) 매도 당시 허가조건 중 종래의 부산진~동래간 궤도의 폭을 2呎(60.96㎝)에서 2呎 6吋(76.2㎝)으로 개량하기로 한 조건을 마무리하기 위해, 1912년 3월 20일 공사비 11만 4천원으로 공사에 착수하였다. 우선 동년 4월 20일 부산진~동래 남문간을 준공하여 임시운행을 하였고, 이어 남은 구간인 동래남문~온천장간의 궤도 개량공사를 실시하여 동년 7월 11일 전 구간의 개량공사를 완료하였다.[57]

한국와사전기(주)는 1913년 2월 27일 제5회 정기주주총회를 개최하여 상호를 조선와사전기(주)로 변경하였다. 1913년 12월 16일 조선와사전기(주) 부산지점을 대청정 2정목(현 대청동 2가)에서 토성정 1정목(현 토성동 1가) 160번지(지금의 한국전력 중부산지점 자리)로 이전하였다.[58]

당시 증기기관차는 에너지의 전달효율이 전기, 디젤 기관보다 나쁘고 운

56) 부산상업회의소, 『釜山要覽』, 1912, p.127.

57) 朝鮮總督府鐵道局, 『朝鮮鐵道史』 제1권, p.731.

58) 조선와사전기주식회사, 『朝鮮瓦斯電氣株式會社發達史』, 1938, 부록 중 주요 연보 참조.

전비가 고가이며 급구경사일 때 성능이 뒤진다는 점, 물이나 석탄의 보급이 빈번해야 한다는 점, 종점에서 전향(轉向)이 필요하다는 점 등으로 인해 다른 동력을 이용한 기관차나 전차로 바뀌어가게 되었다.

2. 전차의 개통

전차[59]는 시내의 전주·전선으로부터 동력을 받아 일정한 궤도(軌道) 위를 달리는 교통수단이다. 따라서 전기의 힘으로 달리기 때문에 전차의 부설에는 전기의 도입이 전제되어야 한다. 우리나라에 처음 전기가 도입된 것은 앞에서 살펴본 바와 같이 경복궁을 비롯한 왕궁에서였고, 1884년에서 1886년 사이에 도입되었다.

부산에 전기가 도입된 것은 1902년 4월 부산전등(주)이 용미산(옛 부산시청 자리)에 설치된 발전소에서 전기를 생산하여 지금의 광복동거리에 여러 개의 가로등을 밝힌 것이 그 시초이다.

▲ 초창기 장수통(현 광복로)의 야경

59) 전차(tramcar 英, streetcar 美)라고 함은 시내의 電柱·電線으로부터 동력을 받아 일정 궤도 위를 달리는 도시 교통수단이다. 지하나 고가를 달리지 않고 일반도로면을 달리기 때문에 흔히 노면전차라고도 하며, 그 속력도 느려 겨우 시속 20km 정도가 고작이었다.

부산에 증기철도 사업이 시작된 것은 1909년 부산에 거주하는 일본인 실력자인 大池忠助 등 6명이 부산경편궤도(주) 설립을 발기(8월 29일 등기)하여 부산진~동래간 경편궤도 부설을 출원해 6월 29일에 부설권 허가를 얻어 공사를 착공하여 11월 말 부산진~동래 남문간의 공사를 준공하고 12월 2일부터 운행을 개시한 것이 그 출발점이 되었다. 이는 우리나라 사설철도의 효시이다. 또한 동래남문~온천장간 선로연장 공사를 착공해 12월 18일에 준공하여, 12월 19일 운수영업을 개시하였다.

부산에 전차가 등장하게 된 것은 1911년 10월 조선와사전기(주)가 부산경편궤도(주)를 인수한 이후 부산진~동래 온천장간의 증기철도를 동력 운수영업을 위하여 전차병용의 필요성이 대두되면서부터이다.

1913년 12월 26일 전차병용의 전기궤도 부설권 허가를 출원하여 1915년 1월 20일 인가를 받아 바로 선로 부설공사를 시작해 먼저 부산진~초량(부산진~자성대~부산진입구~부산진역~수정정~고관입구~초량)간 선로를 준공하였고, 이어 초량~부산우편국(초량~영주정~경찰서앞~부산역앞~부산우편국)까지의 선로를 준공하였다.

▲ 부산에서 운행되었던 초기 전차(1910년대 후반)

이후 기존의 증기철도가 운행되고 있던 부산진~동래 온천장간(부산진~광무교~서면~동래남문~온천장) 궤도의 폭을 2呎(60.96cm)에서 2呎 6吋(76.2cm)으로 개량하는 공사를 시작하고, 증기철도와 전차가 겸용할 수 있도록 전구간[8呎(12.8km)]의 철로 개량공사를 1915년 10월 23일 준공하였다.

10월 28일 부산진~초량간, 10월 29일 초량~부산우편국간 철로 검사와 시운전을 시행하여 10월 31일 개통식을 거행하였고, 11월 1일부터 부산진~동래 온천장간 전차운수 영업을 개시함으로써 부산에서도 본격적인 전차사업이 시작되었다.

전차 개통식에는 각계각층의 유명인사와 동래 온천장을 찾는 내빈, 부산부민 400여 명이 참석하는 등 성대한 개통식이 거행되었다고 한다.[60] 또한 부산우체국~동래 온천장간 전차가 개통됨과 동시에 동래 온천장 일대에 전등이 가설되기도 하였다. 전차운행 초기에는 경편철도의 증기기관차와 노면전차가 병행 운행하였으나, 1916년 3월부터는 전차로 완전히 교체하여 운행하였다.

▲ 동래 정차장(현 부산은행 수안동지점 부근, 1910년대 후반)

(60) 조선와사전기주식회사, 『朝鮮瓦斯電氣株式會社發達史』, 1938, p.48. 부산에서의 진정한 전차사업의 시작은 부산진~동래 온천장간 운행영업을 시작한 1915년 11월 1일로 보는 것이 타당하다.

부산에 전차가 등장하면서 사람들은 신기함에 놀라면서도 이를 즐겨 직접 눈으로 전차 길을 구경하러 많은 사람들이 몰려들었다. 때문에 전차의 운행이 여러 번 멈춰야 했다고 한다. 인근 지방의 사람들까지 전차를 보기 위해 몰려들었다고 한다. 처음 전차가 달릴 당시만 해도 공중 전기 케이블에서 방전 불빛이 번쩍번쩍 나는 바람에 사람들은 그 불빛을 번개불로 생각했었다.

이 때문에 당시 부산사람들 눈에는 전차가 '쇠막대기로 전기를 잡아먹고 그 힘으로 달리는 괴물'로만 비쳐졌고, 그래서 사람들은 전차를 두고 '전기불 잡아먹고 달린다'고 떠들어댔다고 한다.[61] 전차가 처음 등장했던 초기에는 일정한 정차장이 없었다. 굳이 정차장을 정해 놓고 전차가 다닐 만큼 손님이 많지 않았다고 한다. 따라서 사람들은 아무데서나 손을 뻔쩍 들어 전차를 세우고 탈 수도 있었고, 내리고 싶은 곳에 내릴 수도 있었다고 한다.

3. 전차노선의 확장

  부산의 전차사업은 당시 부산사람들의 교통편의를 위한다기 보다는 부산에 거주하는 일본인은 물론 부관연락선(釜關連絡船)을 타고 오는 일본인 여행객들과 경부선 철도를 이용하여 부산을 찾는 여행객들이 부산역이나 국제여객부두에서 쉽게 동래 온천장의 온천욕장을 이용할 수 있도록 하여 수익을 창출하는 데 목적이 있었다.

  1915년 11월 1일 부산우체국~동래 온천장간 전차 운행이 본격화된 이후, 조선와사전기(주)에서는 부산시내의 가장 번화가인 장수통(지금의 광복동)을 거쳐 서쪽으로 빠져서 대청정(현 대청동)을 경유하는 시내 일주를 목적으로 긴급 허가를 받아 시내선 건설을 추진하게 되었다.

▲ 부산역사(1910. 10. 31 준공) 앞 전차선로 모습(1910년대 후반)

1916년에는 대청정선(대청동선)인 부산역~부산우편국~대청정 2정목(대청동 2가)~보수정(보수동)~보수정 2정목(보수동 2가)~부성교(富城橋, 현 토성교)~토성정(토성동)의 조선와사전기(주) 사옥 앞[62]까지에 이르는 선로 부설공사를 착공해 동년 9월 22일 개통하여 영업을 개시하였다.

1917년에는 장수통선(광복동선)인 대교통 1정목(중앙동)~대교통 2정목(중앙동)~본정(동광동)~남빈(남포동) 입구~변천정(광복동)~변천정 2정목(광복동 2가)~신정(창선동)~서정(신창동)~부평정(부평동)~토성정(토성동) 조선와사전기(주) 사옥 앞에 이르는 선로 부설공사를 착공해 동년 12월 18일 시운전을 거쳐 12월 19일 운수개시 허가를 받아 영업을 개시하였다.

이와 같은 시내 일주 순환선의 개통으로 인해 외곽선과 연계됨으로써 전차가 시민의 발로서 그 기능을 발휘하게 되었다.

부산시내 전차 선로 개선을 단행하여 1924년 9월 말에는 부산역앞~부산진간 전차궤도 단선을 복선으로 준공하는 동시에 배전선도 전부 개선하여 새롭게 단장하고 각 노선에 운행차량을 증가시켜 전차교통을 일신시켰다.

1924년 당시 부산의 전차영업노선은 범일정선(凡一町線) 3,979m, 장수통선(長手通線) 3,376m, 동래선(東萊線) 10,906m, 대청정선(大廳町線) 1,488m로 총 연장(延長) 19,749km에, 하루 평균 225원의 수입을 올려 창업 이래 최고의 수입을 기록했다고 한다.

1925년 9월에는 보수정 2정목(보수동 2가)~경남도청앞~중도정(부용동)에 이르는 선로를 단선으로 부설하여 연장 개통해 중도정(부용동) 방면의 교통 편리를 제공하였다. 1926년 상반기에는 종래 45폰드 및 25폰드였던 궤철(軌鐵)을 전부 60폰드로 개량하는 대사업을 완료하는 동시에 나무다리를 전부 철교로 교체 가설하였다.

1927년 2월 2일까지 종래의 소형전차를 반 강철제(半鋼鐵製) 전차로 전부 교체하였고, 운전계통의 개선과 차량의 증가로 도시전차의 변모를 정비하였다. 1927년 동래 온천장을 연결하는 온천교(1926년 준공)가 가설되자, 기존의 동래온천장 종점이 온천장과 거리가 있어 전차 승객이 불편을 겪었기 때문에 이를 해소하기 위해 전차의 온천장 인입선로 공사와 함께 온천장역[63]을 신축하였다. 9월 29일 온천장 인입선 운수개시 허가를 신청하여 10월 개통해 운수 영업을 개시하였다. 이로써 욕객들의 이용에 편리를 도모하여 일반인들의 호평을 얻음과 함께 수입이 증가하는 경향을 보이게 되었다.

▲ 대청정(현 대청동) 전차 운행 모습(1934년)

1920년 대신정(대신동)에는 가끔씩 마을 체육대회 장소로 사용되던 조그만 동물원 옆 넓은 빈터에 1928년 9월 부산부 공설운동장(지금의 구덕운동장)이 개설되었다. 이후 대신정은 거주지로 각광받으면서 건축의 붐이 일어 인구가 증가하게 되었다. 동년 6월 대신정선(대신동선)인 중도정(부용동)~대신정(대신동)~공설운동장간 전차연장 출원허가를 받아 선로 부설공사를 착공하여 9월 말에 준공 개통해 본격적으로 운행하게 되었다.

이로써 부산역 이남의 시내선로는 장수통 경유선과 대청정 경유선이 재

63) 온천장역은 지금의 부산은행 온천동지점 동남쪽의 뒤편으로, 지금 그곳은 주택 및 상업지역으로 변하여 그 흔적을 찾을 수 없으며 기념표석도 세워져 있지 않아 이곳이 역사의 현장인지 알 수 없다.

판소에서 만나 대신정까지 연장되었다. 이후 공설시장이 설치되고, 고급 주택가로 변하여 거주인구가 증가하였다. 당시 대신정 전체의 거주민 중에서 일본인이 5,300호에 24,000여 명에 이르게 되었다. 또한 대신정은 대신정선 전차 연장으로 인하여 발전을 거듭하게 되었다.

1931년 10월 말에는 보다 나은 시설로 부민(府民)들에게 봉사하기 위해 종

▲ 1920년대 장수통(광복로) 전차운행 모습

▲ 1930년대 장수통 전차운행 모습

전 전차궤도인 2呎 6吋(76.2cm)을 3呎 6吋(106.68cm)으로 전 노선을 표준궤도로 개량하는 동시에 차체(車體)의 개조를 통하여 본격적인 전차사업을 추진하여 제2도약을 꾀하게 되었다. 이후에도 新차량의 제작과 동래선로는 물론 시내전차를 강철제로 교체, 노선의 개량 및 확장을 단행하였고 시내선의 복선화를 통하여 승객들에게 충분한 만족을 주기 위해 노력을 다하였다.

1933년 8월 9일에 범일정선(범일동선)의 전차선로를 부산진 입구~좌천정(좌천동)~범일정(범일동, 구 교통부 앞)까지 단선으로 연장하여 개통하였다. 1934년 7월에는 대청정선의 부평정시장통[64](지금의 부평동시장)의 선로를 폐지하고, 부성교(토성교) 북쪽 토성정(토성동)~병원앞~경남도청 앞까지의 선로를 복선으로 신설하고 경남도청앞~공설운동장간 복선공사도 함께 착공하여 9월 말 준공해 개통하였다. 동년 11월에는 본정(동광동)~부성교의 장수통선과 대청정선을 제외한 부산진~공설운동장간 복선선로가 개통되었다.

1934년 11월 23일 부산부의 숙원사업이던 간선도로 포장과 내륙과 영도를 잇는 부산대교(현 영도대교)가 개통[65]되었고, 이후 대창정(대창동) 구 전차 선로를 폐지하였다. 동년 11월 말에는 시내 간선도로 전차선로 복선화와 도로포장공사를 완료하였다. 1935년 2월에는 해상횡단의 도개교 설치 이후 목도(영도)선을 본정(동광동)~부청앞(옛 부산시청 앞)~목도(영도)입구~목도본정~종점(남항동)까지 복선으로 연장하여 개통하였다. 그리고 일부 궤철(軌鐵)은 80폰드 또는 100폰드로 개량하였다.

1935년 3월에는 부산역앞~동래 온천장간, 10월에는 송도~부두~부평정간, 영도의 동부와 남부를 연결하는 자동차운수 영업을 개시하여 전차의 보조수단으로 일반 부민의 편익을 도모하였다. 당시 1일 평균 수입은 1천 5백원이나 되었다고 한다.

1935년 3월 현재 부산의 전차영업 노선을 살펴보면, 범일정선(凡一町線) 3,979m, 장수통선(長手通線) 3,376m, 동래선(東萊線) 10,906m, 대청정선(大廳町線) 1,488m, 목도선(牧島線) 1,966m로 총 연장 21,715km였다.[66]

[64] 부평시장(富平市場)이라고 하면 잘 몰라도 깡통시장하면 부산시민이나, 전쟁을 겪은 세대라면 모르는 사람이 없을 정도로 유명하였다. 부평공설시장이 개설되기 이전까지는 닷새마다 열리던 '5일장'이었다. 부평시장은 1910년 6월 일본인들에 의해 처음으로 등장한 소매시장인 '日韓市場'으로 개설되었다. 이후 공설시장의 기능을 갖춘 것은 1915년 9월 부산부(釜山府)에서 '日韓市場'을 사들여 설비를 확충하여 '부평동 공설시장'을 개설하면서부터이다.

[65] 영도대교의 본래 이름은 부산대교였으나, 1980년 1월 30일 개통된 지금의 부산대교에게 이름을 내어주고 명칭도 영도대교로 바꾸어 버렸다. 1932년 3월 8일 착공, 1934년 11월 23일 개통된 부산 최초의 연육교로 길이 214.63m, 폭 18m, 교량 면적은 3,948㎡, 도개면적은 1,044㎡로 개통 당시에는 하루 7번 도개를 하였다.

[66] 조선와사전기주식회사, 『조선와사전기주식회사발달사』, 1938, p.76.

1937년 3월 10일에는 대흥전기주식회사를 주축으로 남한의 6대 전기회사가 합병[67]된 남선합동전기㈜로 통합되었다. 이 남선합동전기㈜는 이후 성남전기주식회사와 강릉전기주식회사를 흡수하여 1946년 5월 29일 남선전기㈜가 되었다.

▲ 목도(영도)선 개통 후 영도대교를 지나는 전차모습(1935년)

일제강점 말기인 1944~1945년경에 장수통선의 전차 운행이 폐지되었고, 새로이 소화통선(충무동선)이 부청앞(옛 시청)~남빈정(남포동)~소화통(충무동)~토성정(토성동)까지 신설(복선) 연결돼 개통되면서[68] 새로운 순환선의 신설로 기존의 목도(영도)선과 연계가 가능하게 되었다. 1945년에는 시외선인 동래선 일부의 침목 교체와 개·보수공사를 실시하였다.

67) 조선와사전기주식회사, 『조선와사전기주식회사발달사』, 1938, 부록 중 주요 연보 참조.

68) 박원표, 『釜港九十年』, 태화출판사, 1966. 8, p.80.

4. 광복 이후의 전차사업

광복 직전 남선합동전기㈜가 보유 운행하였던 부산의 전차 61대가 광복 이후에 우리 손에 넘어 왔을 때에는, 그중에서 바로 운행할 수 있는 전차는 고작 38대에 불과하였다고 한다. 또한 노후 차량의 빈번한 고장으로 1947년에는 13대로 줄었고, 1948년도에는 8대로 줄었다. 따라서 부산의 전차사업은 최대의 경영난을 겪어야만 했다. 당시 부산의 인구는 광복 이후 해외 귀환동포들의 정착 등으로 501,890명이 되어, 1944년도의 인구 328,294명에 비해 거의 1.5배 가까운 인구가 증가였다.

교통부에서는 서울과 부산의 교통난을 해결하기 위하여 미국산 전차를 도입하기로 결정하고, ICA를 통하여 전차 수입을 추진하였다. 1952년 6월 19일 미국산 전차 40대를 들여와서 서울의 경성전기㈜와 부산의 남선전기㈜에 각각 20대씩 배정하기로 하고, 동년 7월 3일에 각각 인수하였다.

도입 전차는 대형이어서 도로가 좁은 부산시가지를 달리는 데 무리가 있었고 시내버스나 자동차와의 접촉사고가 자주 발생하여 전차파손이 빈번하였다. 그리고 새롭게 도입한 전차는 미국에서 30여 년 전에 제작되어 사용하던 중고차여서 몇 해만 운행하고 폐차할 수밖에 없었다.[69]

1955년 6월에는 ICA[70] 원조자금에 의한 미국산 전차 도입의 승인을 얻어 같은 해 6월 10일부터 12월 28일 사이에 도입한 53대 중 서울의 경성전기㈜에 34대, 부산의 남선전기㈜에 19대를 배정하였다. 당시 부산의 전차 보유차량 95대 중에서 그나마 운행을 할 수 있었던 차량은 45대로 광복 이

69) 최해군 『釜山 700년 그 영욕의 발자취』 제2권, 1997. 3, p.189.

70) 미국의 대외원조의 주축을 이룬 ICA(International Cooperation Administration; 국제협력청), FOA(Foreign Operation Adminitration; 대외활동본부)가 있다.

후 최고의 절정을 이루었다.

▲ 전차길을 건너는 할머니(1940년대 후반)

　당시 부산의 인구는 해외동포의 귀국, 1950년 한국전쟁 때에 두 번에 걸친 임시수도의 부산 이전과 많은 피난민들의 유입으로 계속 증가하여 105만 명으로 급격히 늘어났다. 인구는 늘어났지만 그동안 30여 년 가까이 사용하여 온 전차선로인 궤도와 그 밖의 각종 부대시설들이 극심하게 노후화되면서 매년 막대한 보수비와 유지관리비가 소요되어 수지균형을 맞추기가 어려운 지경이어서 매년 적자운영을 면치 못하였다. 또한 부산의 급격한 인구 증가에 따라 교통인구의 수송을 위해 시내버스가 500대로 증차되면서 전차승객을 버스에 빼앗긴 것 또한 전차운행 유지를 어렵게 하는 한 요인이 되기도 하였다.

▲ 1960년대 무역회관앞 정류장(지금의 중앙동)

이러한 문제를 해소하기 위해 정부에서는 FOA자금 신청을 통하여 110만 달러라는 자금을 배당받게 되었다. 실제로는 서울의 경성전기(주)에 54만 달러, 부산의 남선전기(주)가 21만여 달러를 배당하여 전차관련 각종 부속품들을 우선적으로 사들여 노후화된 차량을 정비하였다. 이로써 1955년 3월까지 폐차와 이미 도입된 미국산 전차 등을 완전수리해 복구시켜 본격적으로 운행하게 되면서 어느 정도의 안정을 되찾게 되었다.

1957년부터는 서면을 기점으로 서면~운동장, 서면~영도, 서면~동래 온천장을 종점으로 하는 3개 구간의 전차노선이 운행되었다. 당시 전차보유 대수는 73대로 1일 평균 운행 대수는 40대였으며, 1일 평균 승차인원은 79,336명이었다. 1958년 5월 6일부터는 공설운동장~서면간에 전차 5대를 증차 운행하였으며, 이로써 종전의 17대의 숨 가쁜 운행이 완화되어 시민의 발도 가볍게 되었다. 전차 5대는 ICA 원조물자로 도입된 것이다.[71]

1961년 7월 1일부로 기존의 전기 3사(조선전업·경성전기·남선전기)가 통합됨에 따라서 서울과 부산에서 운행되던 전차사업도 극도로 노후화된 설비와 누적된 적자를 안고 한국전력(주)로 넘어가게 되었다.[72]

당시 서울의 전차 보유차량 286대 중 82%가 사용 연령을 20년 넘긴 것이었고, 50년 이상 사용한 차량만도 12대로 평균사용 연령은 32.9년이나 되었다. 부산에서 운행되고 있던 전차 사용 연령도 서울과 별 차이가 없어 35년 이상된 차량이 67대의 70% 정도인 42대였다. 또한 전기 3사의 통합 직전 적자 누적액은 심각한 상태였고, 보유대수 67대 중 사용 연령이 20년 이상인 것이 58대로 노후화되어 있었다.

<표 1> [부산 전차의 차량실태]

(1962. 9. 30. 현재)

형 별 \ 구 분	보유차량(재적)	가동차량	비 고
대　　형	14	14	
중　　형	3	3	
소　　형	17	12	
미　　제	18	18	
HL(미제)	20	20	
계	72	67	
화　　차	1	1	
총　　계	73	68	

자료 : 한국전력공사, 『韓國電氣百年史』 下, 1989, p.1367에서 재인용.

한국전력(주)에서는 우선 수익성 향상을 위해 관리체계 개선에 치중하고, 제한된 예산범위 내에서 노후시설 교체와 개·보수를 연차적으로 실시하였

71) 『국제신보』, 1958년 5월 13일자.
72) 한국전력공사, 『韓國電氣百年史』 上·下, 1989 참조.

다.[73] 1962년 부산의 서면 차고앞 단선 선로를 신설하였고, 시외선인 동래선 일부 침목 교체 등 개·보수공사를 실시하여 수익창출에 노력하였다.

〈표 2〉 [전차 제작연령 경과일람]

(1962. 9. 30. 현재)

형별 \ 구분	차 량 수	비 고
15년 이상 경과	9	
20년 이상 경과	3	
25년 이상 경과	5	
30년 이상 경과	8	
35년 이상 경과	41	
40년 이상 경과	1	
계	67	

자료 : 한국전력공사, 『韓國電氣百年史』 下, 1989, p.1367에서 재인용.

▲ 1960년대 온천천 세병교 부근(세병교 아랫쪽이 동해남부선, 위쪽이 전차선)

73) 한국전력공사, 『韓國電力百年史』 下, 1989, pp.1366~1367.

　1963년도에는 일본 富士車輛(株)에서 제작한 신차 10대를 5월 30일 도입하여 서울에 8대, 부산에 2대를 배차해 낡은 차와 교체하여 운행하였다. 그 밖에 부산에서는 서면~신좌수영간(지금의 양정동 송공단 삼거리 주변)의 궤도를 복선화하였다. 또한 서면~충무동간 선로가 새롭게 단장 개통되었다.

　1964년에는 2차년도 전차 궤도의 개·보수공사가 있었다. 전차사업의 적자요인의 하나였던 도로점용료가 매년 인상되어 적자운영은 더욱더 가중되었다. 1962년도 당시 한국전력(주)가 부산시에 납부한 도로 점용료는 280만원이나 되었다고 한다.

5. 전차운행과 운영실태

우리나라에 전차가 처음 등장한 것은 1899년(광무 3) 5월 동대문~흥화문 (전 서울고교 자리)간 전기철도의 개통으로, 이것은 대중교통에 새로운 혁명을 가져왔다. 당시 서울의 전차는 서대문을 기점으로 종로까지 한 꼭지(1구간), 종로에서 동대문까지 두 꼭지(2구간), 동대문에서 청량리까지 세 꼭지(3구간)로 나누어 9대의 전차가 장안의 한복판을 가로질러 운행하였다. 이것은 시민들에게는 희한한 구경거리였으므로 인기를 독차지하였다.

부산에서는 전차 도입에 앞서 궤도철도인 증기기관차가 먼저 도입되었다. 1909년 8월 11일 부산경편궤도(주)가 창립총회를 거쳐 8월 29일 설립등기를 하였다. 설립등기 후 바로 부산진~동래 온천장간 철도 전용궤도 부설공사에 착공하여, 11월 말에 부산진~동래 남문간의 공사를 완료하고, 12월 2일부터 영업을 개시하였다.

이어 동래남문~온천장간 공사를 12월 18일에 준공하여 다음 날인 12월 19일부터 영업을 개시해 화객운송을 시작하였다. 따라서 부산진~동래 온천장간 전 구간의 운행이 개시되면서 동래온천을 찾는 욕객들은 급격히 늘어나기 시작하였다.[74] 일제강점기 부산부의 인구 변동 상황[75]을 살펴보면, 1911년 말 인구는 99,833명이었으며, 새로운 교통수단의 등장은 급속한 도시발전의 토대를 마련하게 되는 계기가 되었다.

한국와사전기(주)[1913. 3. 29, 조선와사전기(주)로 개명]는 1910년 5월 19일 부산경편궤도(주) 매수 가계약을 맺고 12월에는 영업권을 인수하여 본격적인 궤도철도

74) 철도청, 『한국철도 100년 사』, 1999. 9. p.433.

75) 홍연진, 「부관연락선과 부산부 일본인」, 『부산관연락선과 부산』, 논형, 2007. 11. p.41.

사업에 진출하였다. 당시 부산진~동래 온천장간 왕복 운행차량은 기관차 2량[76]이었고, 1등객차 2량, 2등객차 2량, 3등객차 2량으로 구성되어 있었다.

▲ 재래시장인 동래장터 모습(1910년대)

1911년 4월에는 부산진 차고에 큰 화재가 발생하여 차고에 있던 객차와 건물이 전소되었다. 이 화재로 많은 재산상의 손해를 입었을 뿐만 아니라, 전차 운행에 있어서 응급조치로 도록꼬(水押式 人車鐵道)를 가지고 여객을 긴급 수송하는 등 많은 어려움이 따랐다. 동년 8월에는 신조차량을 가지고 여객 운송을 시작하여 부산진~동래 남문간 운전 횟수는 1일 6회 왕복 운행하다가 1913년 5월에는 국철선의 열차운행시간을 변경하여 운전 횟수를 7회 왕복 운행하였다.[77]

조선와사전기(주)[78]는 1913년 12월 26일 전차병용의 궤도 부설권 허가를 신청하여 1915년 1월 20일 인가를 받아 바로 공사를 착공하였다. 먼저 부

76) 1량은 독일 베를린, 올레슈타인·운드·콧벨회사 제품, 1량은 영국 글레스고우, 앙드레이·바그레회사 제품으로 기압 150파운드의 20마력에 최대 시속 9.5마일의 5톤짜리로 성능은 거의 같았다.

77) 朝鮮總督府鐵道局, 『朝鮮鐵道史』 제1권, 1929, pp. 731~732.

78) 1913년 2월 27일 한국와사전기(주)를 조선와사전기(주)로 회사명을 개칭하였다.

산진~초량간, 초량~부산우편국간 전차선로 부설공사를 완료하였다. 이어 부산진~동래 온천장간 경편궤도를 개량하여 10월 23일 준공해 11월 1일 개통하게 되면서 부산에서 본격적으로 전차가 운행되기 시작하였다.

부산진~동래 남문간의 경편궤도로 개량하여 초기에는 경편기관차와 전차를 병행 운전해 오다가 전차로 통일함이 유리하다고 판단, 1916년 9월부터 기관차를 없애고 한때는 화물전차만을 운행하기도 했다.

전차가 부산에 처음 등장했던 무렵에는 일정한 정차장이 없었다. 굳이 정차장을 정해 놓고 전차가 다닐 만큼 손님이 많지 않았기 때문이다. 따라서 사람들은 아무데서나 손을 번쩍 들어 전차를 세우고 탈 수 있었고, 아무데서나 내리고 싶은 곳에 세울 수 있었다고 한다. 여름에는 텅텅 빈 전차 안에 모시 바지저고리 차림에 부채 하나를 든 한량들의 모습도 쉽게 찾아볼 수가 있었다고 한다.

한량들은 여름밤에 한 잔 술로 목을 축이고 시원한 밤바람을 쐴 겸해서 부산역~동래 온천장 사이를 다니는 전차를 타고 밤 드라이브를 즐겼던 것이다. 부산역[79] 앞에서 동래 온천장까지를 5구간[80]으로 1구간의 운임이 5전이었고, 시외요금구간 1회에 4전씩으로 하되 부산역~초량, 초량~부산진 구간을 각각 한 구간으로 하였다.[81] 이로써 경편기관차와 전차를 병행 운전하여 오다가 전차로 통일하여 운행하였다.

당시 돈푼께나 있고 할일이라고는 별로 없는 한량들은 왕복 전차 삯으로 단돈 50전이면 느긋하게 저녁 바람을 쐬며 무료한 시간을 심심찮게 보낼 수 있었다고 한다.[82] 그러나 단돈 50전이라고는 하지만 그것은 어디까지나 살림살이가 넉넉한 부자들에게 어울리는 호사이고, 가난한 일반 서민들에게는 50전도 큰 돈이었다.

부산에 전차가 등장하기 전보다 조금 앞선 시기의 조사 통계를 보면, 1907년도 순사의 1개월 봉급이 20원이었고, 1904년도의 날품팔이 품삯이 하루 40~50전, 흰 쌀(최상품) 한 말에 1월 35전, 소금 한 섬에 1원 5전이었다. 조금

79) 당시 부산역은 부산경남본부세관 맞은편에 있는 부산역 소화물취급소 자리에 있었다.

80) 부산역에서 동래 온천장까지를 5개구간으로 ①부산역 앞~부산진 입구, ②부산진 입구~부산진, ③부산진~신좌수영(현 송상현 동상 부근), ④신좌수영~동래남문, ⑤동래남문~온천장으로 나누었다.

81) 조선와사전기주식회사, 『朝鮮瓦斯電氣株式會社發達史』, 1938, pp.50~51.

82) 부산직할시사편찬위원회, 『釜山市史』제3권, 1991, p.568.

앞선 시기의 조사 통계지만 이후 품삯과 물가 상승률을 짐작해 본다고 해도 부산진~동래 온천장까지의 전차 삯 25전은 꽤나 비싼 것임을 알 수 있다.

한편, 전차의 개통과 조선와사전기(주) 직영 온천욕장 준공으로 온천경영이 진일보 발전하게 되었다 한다. 이후 동래 온천장을 찾는 욕객들이 더욱 더 늘어나면서 일본인들의 진출이 본격화되는 계기가 되었다.

특히 동래 온천장 주변에는 일본인들의 여관, 요정, 상점들이 50여 호로 크게 늘어났다. 1920년대에는 봉래관(蓬萊館, 현 호텔농심 자리)을 중심으로 10여 개의 여관이 생겨 온천장 일대가 온천시(溫泉市)로서 차츰 자리를 잡아가게 되었다.[83]

▲ 벚꽃이 활짝 핀 동래온천장 거리(1920년대 후반)

1916년에는 대청정 시내일주를 목적으로 긴급허가를 얻어 우선 대청정선을 9월 22일 개통하여 영업을 개시하였다.[84] 1917년 12월 12일에 장수통선이 준공되어 12월 19일 개통 운행되면서 어느 정도의 시내 순환선이 갖추어지게 되었다.

83) (주)동래관광호텔, 『東萊溫泉小誌』, 1991. 10, pp.45~46.

84) 부산직할시사편찬위원회, 『부산시사』 제3권, 1991. 3, p.568.

당시 전차 운행에 있어 크고 작은 사고도 많았던 것 같다. 1918년 여름에는 지금의 부산진시장 근처인 영가대(永嘉臺)[85] 언덕길에서 좌천동으로 내려오던 전차가 한국인 어부를 치어 즉사하였는데, 일본인 기관사는 그냥 전차를 운전하여 달아나 버렸다. 그후 며칠이 지나도 회사 측에서 성의 있는 태도를 보이지 않자 울분에 쌓여 있던 민중들은 어느 날 영가대에 정차 중이던 전차에 몰려가서 로프를 전차에 매어 여러 사람이 언덕 아래에서 당겨 굴러 떨어지는 사건이 발생하였다.[86] 1919년 4월 20일에는 조선와사전기(주) 소속 부산전차 기관사 및 차장 50여 명이 파업을 하기도 하였다.

1918년 부산부의 인구가 62,567명인 데 반해, 1년간 전차를 이용한 승객은 2,033,027명으로 한 사람이 1년에 약 33번 전차를 이용하였다는 계산이 나온다. 이 사실은 전차가 부산부민의 주요 교통수단으로 이용되고 있었다는 것을 보여준다.

1925년 9월에는 부산역앞~부산진간의 선로를 복선화하였고, 보수정 2정목(보수동 2가)에서 경남도청을 거쳐 중도정에 이르는 단선을 연장하여 대청정선에서 토성정을 거치지 않고 바로 도청앞까지 갈 수 있게 되었다. 시외선인 동래선은 1926년 온천교(溫泉橋)가 준공되기 이전까지는 동래온천장 종점에서 온천장까지 상당한 거리가 있었으므로 승객의 불편이 많았다고 한다.

▲ 동래온천장 전차역 전경(1920년대 후반)

▲ 동래온천장 봉래관 후원(1930년대)

1927년 10월 말에 온천장 종점역(지금의 부산은행 온천동지점 부근)을 신축해 이

85) 영가대는 1614년 경상도 순찰사 권반(權盼)이 부산진성 근처에 해안이 얕고 좁아서 선착장을 만들고, 이때 퍼 올린 흙이 쌓여 언덕이 생겨 나무를 심고 대(臺)를 쌓아 8각의 정자(亭子)를 만들었다. 1617년 회답겸쇄환사(回答兼刷還使)였던 오윤겸(吳允謙)이 처음 이곳을 통해 일본으로 출발할 때 일행의 안전을 비는 해신제(海神祭)를 지내기도 했다. 1624년 선위사(宣慰使) 이민구(李敏求)가 대를 쌓은 권반의 출신지인 안동의 옛 이름인 영가(永嘉)를 따서 영가대(永嘉臺)라 이름하였다.

86) 박원표, 『開港九十年』, 태화출판사, 1966. 8, p.81.

곳까지 선로를 연장하여 개통되면서 온천장을 찾는 욕객들의 불편 해소로 많은 사람들이 찾았다고 한다. 이 무렵 시외선인 동래선 선로 주변은 한가로운 농촌으로 미나리깡이 많았다고 한다.[87] 동래 온천장은 한적했던 옛 모습에서 근대적인 온천휴양 도시로 완전히 탈바꿈하여 일년 내내 전국에서 몰려드는 관광객들로 문전성시를 이루고 있었다.

당시 동래 온천장은 주말과 휴일이면 부산에서 전차를 타고 몰려오는 욕객들로 하루 종일 북적거리는 관광 휴양지로 변하였다. 온천장 전차 종점을 나서면 도로변에서 각종 기념품을 팔고 있는 난장 장사들이 온천장을 방문한 손님들을 가장 먼저 맞이하였다. 그리고 온천장 사거리에 전차 개통기념으로 세운 전형적인 개화기의 옷차림을 한 '노인상(老人像)'도 매우 인상적인 상징물이었다. 시멘트로 만든 노인상은 1968년 전차궤도가 철거될 때에 지금의 '호텔농심' 정문 옆으로 옮겨 놓았다.

▲ 온천장 사거리에 있었던 노인상(현재 호텔농심 앞에 있음)

87) 박원표, 『開港九十年』, 태화출판사, 1966. 8, p.79.

온천장 전차 종점 입구에 있는 가게에서는 즉석에서 구워내는 탕(湯)비스킷을 팔고 있었는데 그 또한 동래 온천을 대표하는 명물이었다. 고소하고 달콤한 특유의 냄새와 맛으로 온천을 찾는 손님이면 누구나 한 번은 사먹었다고 한다. 비스킷은 연간 매상액이 당시 사무원 1천 명의 1년 봉급과 맞먹을 정도로 대단했다고 한다. 온천장 거리로 들어서면 각종 음식점과 요리점이 즐비하게 늘어서 있어, 휴양문화와 더불어 놀이문화도 자연스럽게 자리를 잡게 되었다.[88]

1925년의 부산부 인구가 103,522명으로 처음으로 10만 명이 넘어간 이후 매년 꾸준히 증가하여 전차를 이용하는 승객들도 늘어나고 있었다. 일제강점기 부산부의 총 인구를 살펴보면 다음 〈표 3〉과 같다.

〈표 3〉 [부산부의 인구현황]

구 분 / 연 도	총 인구	일본인 인구수		
		계	남	여
1910	71,353	23,900	12,539	11,361
1911	99,833	24,794	12,886	11,908
1912	103,737	26,586	13,570	13,016
1913	111,356	27,610	14,202	13,408
1914	55,094	28,254	14,479	13,775
1915	60,804	29,890	15,355	14,535
1916	61,047	28,012	14,363	13,649
1917	61,506	27,726	14,126	13,600
1918	62,567	27,895	14,151	13,744
1919	74,138	30,499	15,480	15,019
1920	73,885	33,085	17,023	16,062
1921	76,126	33,979	17,496	16,483

88) (주)동래관광호텔, 『東萊溫泉小誌』, 1991. 10, p.49.

1922	78,161	34,915	17,993	16,922
1923	79,552	35,360	18,221	17,139
1924	82,393	35,926	18,477	19,449
1925	103,522	39,756	20,105	19,651
1926	106,323	40,803	2,674	20,129
1927	113,092	41,144	20,892	20,252
1928	116,207	42,246	21,460	20,786
1929	119,655	42,642	21,670	20,972
1930	130,397	44,273	22,269	22,004
1931	139,538	45,502	22,815	22,687
1932	148,156	47,836	24,171	23,665
1933	156,429	51,031	26,152	24,879
1934	163,814	53,338	27,617	25,721
1935	202,068	56,512	29,548	26,964
1936	206,386	59,014	29,571	29,443
1937	213,142	59,231	29,665	29,566
1938	213,744	55,767	27,174	28,593
1939	222,690	51,802	25,046	29,756
1940	240,033	54,266	26,591	27,675
1941	281,160	57,688	27,910	29,778
1942	334,318	61,436	29,558	31,878
1943	325,312	-	-	-
1944	328,294	-	-	-

출전 : 홍순권, 「일제시기 부산지역 일본인사회 인구와 사회계층구조」, 『역사와 경제』 51, 2004. 6, p.45

1928년에 부산부 공설운동장이 개설되고, 9월 말에는 중도정(부용동)~공설운동장(구덕운동장)간 선로(단선)가 연장 운행되면서 대신정 지역이 당시 고급주택지로 각광을 받았다. 1928년 7월 3일 시내선로 복선 및 포설허가 신청을 통하여 본격적인 복선화 사업을 추진하게 되었다. 1933년 8월 9일에는 범일정 선로가 연장 신설되어 운행하였다.

1934년 7월 부평동시장 선로가 폐지되고, 동년 9월에는 토성정(토성동)~도청앞까지 선로 신설과 도청앞~공설운동장까지 복선공사가 개통 운행되면서 중앙선로 전 구간이 복선화되어 운행돼 전차사업은 재도약되었다. 또한 대창정(대창동) 옛 전차선로를 폐지하였고, 간선도로의 전차선로 복선 및 부설공사를 동년 11월 말에 완공하였다.

영도대교(影島大橋)는 영도다리로 더 잘 알려져 있으며, 내륙과 유인도인 영도 사이를 잇는 연육교로 1932년 3월 8일에 착공, 1934년 11월 23일에 개통되었다. 정식 명칭이 당시 부산대교였던(1980년 2월 개명) 이 다리의 길이는 214.68m(도개교 31.4m, 고정교 183.59m), 폭은 18m(차도 12.6m, 보도 2.7m×2), 교량의 면적은 3,948m², 도개(跳開) 면적은 1,044m²이며, 또한 도개 속도는 저속일 때 4분, 고속일 때 1분 30초, 도개 동력으로는 22마력이다. 개통 당시에는 하루에 7번(오전 3번, 오후 4번) 들어 올렸고, 1번에 20분간 들고 있었다.

그중 부산 내륙 측은 31.30cm를 도개교로 하여 1,000t급 기선의 운항을 가능하도록 건설되었으며, 그 밖의 부분은 캔틸레버식 강판항교로 하였다. 그리고 다리 아래로 만조 시에도 50만t급 이하의 기선이 교량 밑을 자유로이 운항할 수 있도록 하였다. 당시의 화폐로 총 공사비 700만 8천원이 투입되었다.

영도대교 가설공사는 당시에 매우 어려운 토목공사였는데, 그 때문에 현재 영선초등학교와 해동고등학교 자리의 산을 깎아 영도대교 호안 매립공사를 하면서 산이 무너져 많은 한국인과 중국인 노무자들이 비명에 목숨을 잃었는가 하면 다리 공사 때에도 희생자가 속출하여 밤이 되면 유령이 나온다는 소문이 퍼졌을 정도였다고 한다. 1934년 11월 23일에 개통된 이 다리는 도개부분이 하늘로 치솟는 신기한 다리로서 개통식 날 신기한 이 도개식 다리를 보기 위하여 부산을 비롯 인근 김해·밀양 등지에서 6만 인파가 운집한 것으로 전해지고 있다.

영도대교는 일제의 학정과 한국전쟁이라는 비극적인 역사의 옛 이야기만 남긴 채 지난 1966년 9월 1일 교통량의 증가로 인해 도개식의 기능이 멈추게 되었다. 우리나라 근·현대사의 질곡의 역사를 고스란히 간직한 역사현장으로서 한국전쟁 때 피난민들의 애환을 함께 간직했던 영도대교는 오늘도 말없이 그 자리를 지키고 있다.

〈표 4〉 [부산전차의 운행상황]

내 용 연 도	전차대수		1일평균 운행대수	1년간 승차인원	전차및자동차 1일평균수입	전력소비량 (kWh)
	보유대수	영업연대수				
1911			-	-	33(円)	
1912			-	-	60	
1913			-	-	66	
1914			-	-	68	
1915			-	-	128	
1916			-	-	194	
1917			-	-	225	
1918			5,570	2,033,027	230	
1919			6,890	2,514,655	365	
1920			6,372	2,325,643	426	
1921			8,266	3,017,001	610	
1922			10,591	3,865,827	696	
1923			12,113	4,421,392	761	
1924			6,838	2,495,885	804	
1925			18,899	6,897,963	984	
1926			12,304	4,491,097	1,056	
1927			26,726	9,755,143	1,153	

1928			28,986	10,580,062	1,247
1929			29,850	10,895,350	1,241
1930			27,704	10,112,075	1,142
1931			26,729	9,756,124	1,101
1932			-	9,327,252	1,066
1933			26,179	9,555,300	1,114
1934			28,750	10,493639	1,236
1935			31,674	11,560,911	1,446

자료 : 부산부, 『釜山府勢要覽』, 1920~1935 ; 조선와사전기(주), 『朝鮮瓦斯電氣株式會社發達史』 소화 13년(1938) 참조.

1935년 2월에는 영도대교(개통 당시에는 부산대교, 1934. 11. 23 준공) 위를 지나는 목도(영도)선이 영도 전차종점(지금의 남항동사거리)까지 복선으로 연장 개통 운행하게 되었다. 그동안 영도에 사는 부민들이 부청사(옛 부산시청) 앞까지 와서 전차를 타는 불편이 해소되었다. 또한 공설운동장(지금의 구덕운동장) 방면이나 동래 온천장까지 쉽게 갈 수 있게 되면서 전차 승객의 증가로 수입이 늘어나게 되었다.

1936년도에 제작된 「釜山府市街圖」의 앞면에는 북항근처가, 뒷면에는 지금의 부산진과 남구의 매축상황이 정확하게 표시되어 있다. 당시 북항 매축은 항만시설 확충, 부산진 매축은 공업지대와 시가지 조성이 목적이었다. 시가도에는 빨강색선으로 부산의 전차노선도가 표시되어 있다.

1938년 11월 부산부에서 부산을 소개할 목적으로 제작된 「釜山案內圖」에는 당시 부산부의 주요 건물, 공공기관, 도로, 철도, 항만시설, 전차 노선이 상세하게 표시되어 있다. 이에 따르면 전차종점과 각 정차장의 위치는 〈표 5〉와 같다.

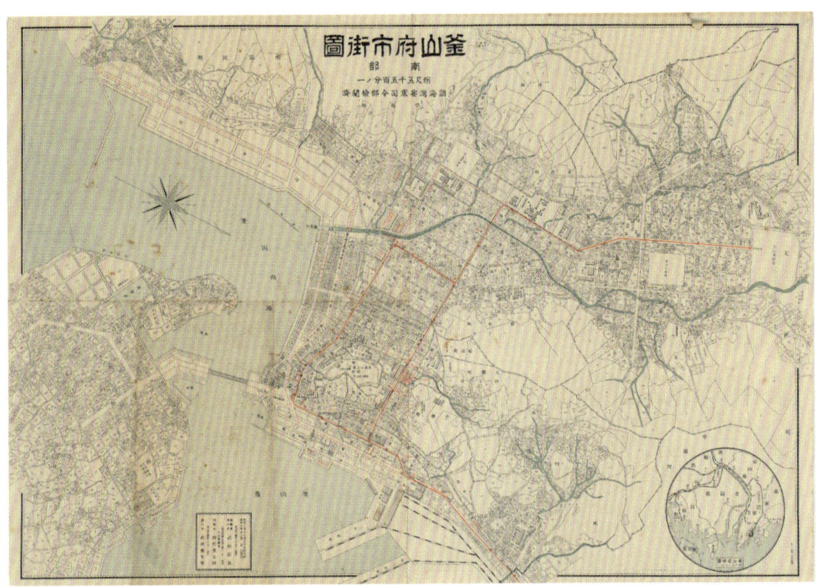

▲ 1936년 「부산부시가도」(앞면)

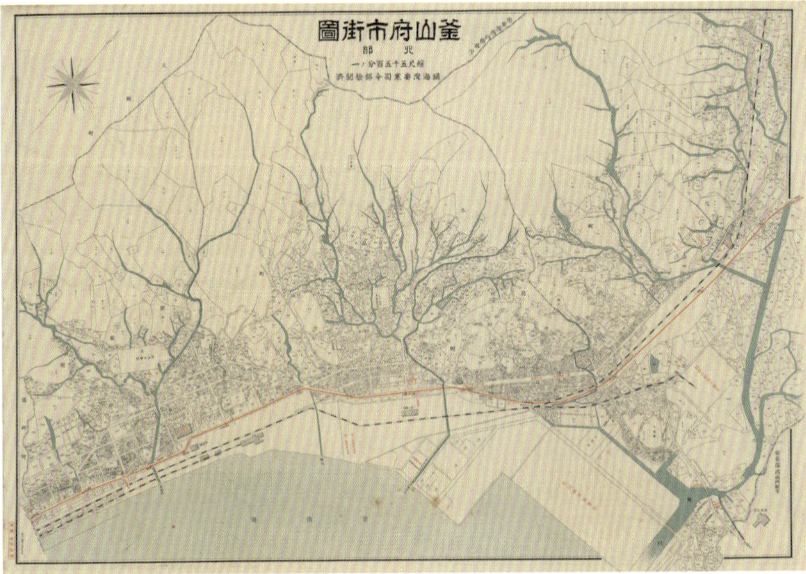

▲ 1936년 「부산부시가도」(뒷면)

▲ 「부산안내도」(1938년)

<표 5> [1938년 전차노선도]

(1938년 현재)

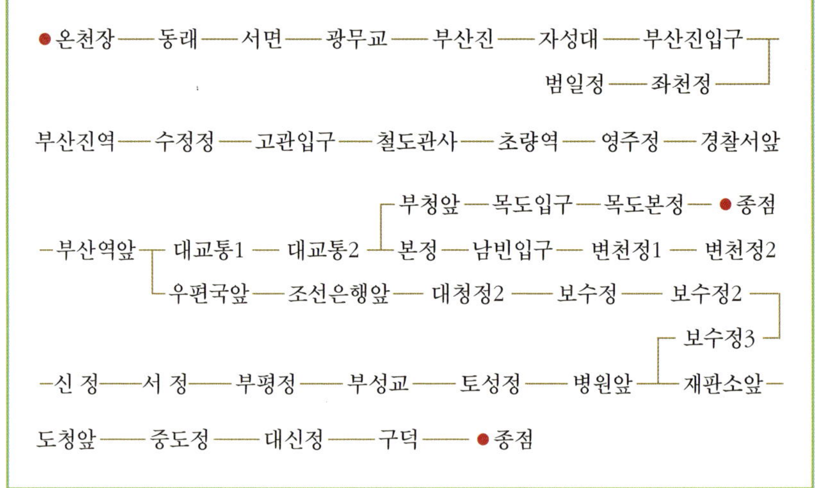

자료 : 부산부, 『釜山案內圖』, 1938, 11. 재작성.

이후 일제강점 말기인 1944~1945년 사이에 새로이 소화통(충무동)선이 개통 운행되었고, 장수통선의 선로는 폐지되었다. 따라서 기존의 지선의 폐지는 간선로를 따라 전차 노선의 재조정을 통한 순환선으로 재편되고 있음을 알 수 있다.

1945년 광복이 되자 부산의 전기와 전차사업도 우리 손으로 넘어오게 되었다. 그러나 광복과 한국전쟁으로 전차운행도 순탄하지는 않았던 것 같다. 그 예로 1950년 7월 남선전기(주) 부산운전부에서 국내정세의 긴박함에 수반된 교통난의 조속한 타계를 위해 오랫동안 운행중지 중이던 대청동선 전차선로 복구에 대하여, 6월 27일경부터 복구예비조치로 노선개수공사를 실시해 7월 5일부터 운동장을 출발하여 도청경유~부산우체국 앞까지 전차운행을 단행한다고 하였다. 더욱이 영도선 전차선로 복구도 빠른 시일내에 될 것이라고 밝혔다.[89] 이로 보아 한국전쟁을 전후하여 대청동선과 영도선

89) 『부산일보』, 1950년 7월 4일자.

의 전차선로가 시설노후화 또는 파손 등으로 인해 일시 운행이 중단되었다는 것을 알 수 있다.

대청동선의 운행폐지는 1952년도 부산우체국 앞에서 서면~옛 시청 앞을 돌아 대신동 운동장까지 운행하던 전차와 대청동을 경유하여 오던 전차가 부산우체국 앞 대로에서 충돌한 사고[90]로 보아 1952년까지는 대청동선이 운행되었으며, 1953년부터 선로를 폐지하여 운행을 중지한 것으로 추측된다.[91]

▲ 부산역전대화재 후의 모습(1953. 11)

대청동선 전차궤도의 철거에 대하여, 박원표는 『開港九十年(1966)』에서 1959년에 전차궤도가 철거되고 아스팔트로 포장되어 자동차 전용도로가 되었다고 밝히고 있다. 대청동선 전차궤도 철거에 대한 1959년 3월 15일자 신문기사를 보면, 부산시는 다음과 같이 입장을 밝히고 있다.

"쓰지 않고 낡아빠진 대청동거리의 전차궤도를 뜯어 없애고 그 위를 깨

90) 2005년 3월 24일, 부산광역시 중구청(편저자 김재승)에서 간행한 『記錄寫眞으로 보는 釜山·釜山港 130年』의 p.168에 보면, '1952년 부산우체국 앞에서의 전차 충돌사고(허구 촬영) 사진으로 보아 1952년까지는 대청동선 전차가 운행된 것으로 보인다.

91) 중구 대청동 새마을금고 이사장을 지낸 박창진은 1953년에는 대청로에 전차가 다니지 않았고, 전차 선로만 있었으며, 그 이후에 일부 선로는 철거되고 일부는 그대로 덮어 씌어서 포장을 하였다고 증언하고 있다.

끗하게 포장하게 되었다고 하였다. 또한 포장공사에 앞서 그 거리의 하수거도 새로 묻기로 하였으며, 늦어도 4월 초까지는 하수거(下水渠)도 공사에 착수하기 위해서 전차궤도를 3월 중에 철거할 것을 남선전기(주) 측에 통보했다." [92]

그리고 5월에는 대청동 전차노선 철거에 대한 교통부의 정식 허가 통보를 받고 늦어도 6월 중으로는 완전히 철거하겠다고 밝혔다. [93] 또한 법원앞~보수동파출소까지 이르는 구간의 전차궤도 철거 및 포장과 현대극장에서 미공보원(지금의 부산근대역사관)에 이르는 측구공사와 전차궤도 철거, 포장공사를 실시하여 3개월 내에 완전 포장이 가능하다고 천명한 것으로 보아, [94] 대청동선 전차궤도 철거는 1959년 6~7월 중에 마무리된 것으로 보인다.

1955년에는 한국전쟁 당시 피난민의 부산유입과 두 차례에 걸친 임시수도, 이후 경제개발에 따른 부산항의 수출입 물동량 증가 등으로 인한 계속된 인구 증가에 따른 전차이용 승객들의 증가로 부산의 전차 사업은 노후차량의 보수 및 궤도정비 사업과 신차도입을 이뤄 어느 정도 자리를 잡아가게 되었다.

1957년에는 서면을 기점으로 3개 노선으로, 서면~공설운동장, 서면~영도, 서면~동래 온천장간을 운행하였다. 12월 남선전기(주) 부산운수부에서는 동래지역 시민들의 편의를 도모하기 위하여 동래선(서면~온천장) 전차구간을 현행 2구제에서 1구제(1구 25환)로 운행하기로 하였다고 밝혔다. 또한 1구제 실시로 시민들의 교통비 부담은 반감될 것이라고 했다. [95]

남선전기(주) 부산운수부에서는 1959년 7월 전차 운행의 쇄신과 책임 운영을 위하여, ① 운동장~부산시청 앞까지의 정류소는 5분에 1대씩, ② 부산시청~서면까지는 2분에 1대씩, ③ 서면~동래까지는 10분에 1대씩, ④ 영도선 4분만에 순환되도록 운행 방침을 확립하였다. [96]

1959년에 들어서면서 좁은 부산시내의 도로에 전차 운행이 도리어 교통

92) 『국제신보』, 1959년 3월 15일자.
93) 『국제신보』, 1959년 5월 22일자.
94) 『부산일보』, 1959년 6월 22일자.
95) 『국제신보』, 1957년 11월 28일자.
96) 『국제신보』, 1959년 7월 22일자.

에 장애를 준다고 하여 전차를 없애고 "도로리 버스"를 운행하는 것이 좋겠다는 부산시의 주장과 전차는 시민의 발로 철폐할 수 없다는 남선전기㈜간의 지리한 대립이 지속되었다. 당시 부산시와 남선전기㈜간에 계속된 전차 궤도의 철거와 보존의 대립 관계에 대한 내용을 요약해 보면 다음과 같다.

▲ 지금의 중부경찰서 앞을 지나는 전차(1960년대 중반, 오른쪽 건물이 대한통문 옛 건물)

○ 1959년 1월 22일 부산시는 전차궤도가 너무 낡아서 간선도로 유지상 그대로 둘 수 없으니 대대적인 보수를 하던지 궤도를 철거해 달라고 호소하고 있다. 이에 남선전기㈜ 측은 부산시의 전차궤도가 도로를 파괴한다는 것은 변명에 불과하며, 하루 8만 명의 시민들의 발을 살려야 한다고 주장해 팽팽하게 대립하게 된다.(『국제신보』, 1959. 1. 22)

○ 1959년 2월 28일 남선전기㈜ 대주주인 상공부가 부산시내 전차운행을 폐지하기로 결정하였다고 전해져 시민들의 주목을 받기도 하였

다.(『부산일보』, 1959. 2. 28)

○ 1959년 4월 26일 부산시는 한미합동으로 추진 중이던 국토포장 공사를 부산이 전차 궤도만 철거하면 한미합동 당국(OEC)도 원조하겠다고 하였다. 그러나 전차 궤도를 철거할 수 없다는 남선전기(㈜) 측과 전차 궤도를 그대로 두고는 포장할 수 없다는 OEC 측 주장이 맞서 도로포장은 허공에 떠버린 것이다.(『국제신보』, 1959. 4. 28)

○ 1959년 4월 29일 부산시는 간선도로(운동장~서면 2군관구사령부앞)까지의 14km 전차궤도에 대하여, 최종적으로 부득이 철거를 강행하는 방법을 취하겠다고 밝혔다.(『부산일보』, 1959. 4. 29)

○ 1959년 5월 13일 부산을 방문한 OEC 도로과장 발데스·C·덴티씨는 부산의 전차궤도를 그대로 둔 채로는 새 포장은 할 수 없다고 밝혔다.(『국제신보』, 1959. 5. 13)

○ 1959년 5월 28일 내무·상공·교통 3부와 OEC, 부산시, 남선전기(㈜) 연석회합에서는 부산시의 철거론과 남선전기(㈜)의 보수론을 다시 종합하고 이를 빠른 시일내에 국무회의에 부의하기로 정했다.(『국제신보』, 1959. 6. 1)

○ 1959년 6월 4일 교통부장관은 부산시의 전차궤도 문제를 근본적으로 해결하는 방도가 될 수 있다면 남선전기(㈜)의 전차운영문제를 부산시에 넘겨줘도 좋다고 밝혔다.(『부산일보』, 1959. 6. 4)

○ 1959년 6월 16일 경상남도지사는 공청회 석상에서 전차궤도 보수문제 답변을 통하여 남선전기(㈜)에서 금년도 도로수리비로 수천만원의 예산이 마련되고 있다며 부산시의 궤도철거 추진은 말도 안 된다고 언급했다.(『부산일보』, 1959. 6. 16)

○ 1959년 6월 30일 부산시내 전차궤도 철거문제가 교통·상공·내무부의 3부 및 남선전기(㈜) 관계자의 실무자회합에서 표면화되었다. 3부의 실무자들은 자금난으로 궤도공사를 착수하지 못하고 있는 남선전기(㈜) 측의 고충을 양해하면서 부산시의 주장인 전차선로 철거론을 반대

하였다.(『부산일보』, 1959. 6. 30)

○ 1959년 7월 9일 부산시내 전차를 존속하는 동시에 동 궤도보수 및 도로포장비 중 1억 2천만환을 남선전기(㈜) 측이 부담하며, 잔여비는 부산시가 내도록 3부(**상공 · 교통 · 내무**)가 합의를 보았다. 또한 남선전기(㈜) 부담금의 1만 2천환의 융자안을 국무회의에 상정하여 최종결론을 내리게 됐다.(『부산일보』, 1959. 7. 9)

○ 1959년 10월 27일 부산시내의 전차궤도 부지의 보수공사를 위한 1억 7천 만환이 산업은행에서 남선전기(㈜)에 융자되었다. 이로써 오랫동안 숙제가 되어오던 궤도부지 내의 보수공사가 해결을 보게 되었다.(『국제신보』, 10. 27)

　부산시내 전차궤도 문제를 둘러싸고 부산시와 남선전기(㈜)간의 근 반년 동안 끌어왔던 지리한 싸움이 1959년 11월 20일 양측의 합의로 마무리되었다. 남선전기(㈜)에서는 전차를 존속시킴과 동시에 시내 간선도로의 포장과 도로관리에 장애가 되고 있는 전차궤도 전면에 걸친 보수공사를 약속하였다. 또한 부산시는 12억환의 예산을 투입하여 간선도로의 전면포장과 하수구 정비공사를 내년(1960년)에 실시키로 하였다.[97] 그동안 곰보딱지로 불리던 시내 간선도로가 깨끗한 모습으로 바뀌게 되었다.

　1960년 12월 16일 현재 부산시내 중요지점 교통량 조사 내용에 살펴보면, 시내의 전차운행은 동래 온천장에서 서면~교통국앞~부산역앞~대학병원앞~도청앞~부산여고앞~공설운동장 종점까지와 영도 전차종점까지 운행되고 있음을 알 수 있다.[98] 1961년에는 부산의 전차사업이 한국전력(㈜)로 넘어가게 되면서 새로운 국면을 맞게 되었다.

　1962년 10월 부산시는 부산부두지구 구획정리사업공사의 일환으로 부산 본역에서 초량역 사이의 도로를 넓히는 도로확장공사와 하수구 측구공사를 착공하였다.[99] 1963년에는 부산시가 정부 직할시로 승격되면서 기존의 서

97) 『부산일보』, 1959년 11월 20일자.
98) 부산시, 『시세일람』, 1961(4294), p.192.
99) 『부산일보』, 1962년 10월 8일자.

면~충무동간 전체노선을 새롭게 단장하여 운행하였다. 이 선로는 1965년
까지 운행되다가 적자가 지속되자 1966년 폐지되었다.

▲ 1960년대 부산역 앞을 달리는 전차모습(저 멀리 옛 상공회의소 건물)

부산시의 연도별 인구 변화를 보면, 1957년에는 1,019,427명, 1958년에
는 1,044,581명, 1960년에는 1,163,671명으로 지속적으로 증가하였고, 정
부 직할시로 승격한 1963년에는 1,360,630명, 1964년에는 1,399,859명으
로 증가하였으나, 인구 증가와 비례하여 전차의 승객은 늘어나지 않고 오히
려 다양한 노선이 신설된 버스를 이용하는 승객이 늘어나게 되었다.

〈표 6〉 [부산시의 인구현황]

연 도 \ 구 분	총 계	남	여	면적(km²)
1945	281,160	142,137	54,927	241.12
1946	362,920	183,138	68,609	
1947	438,505	218,873	80,468	
1948	501,890	251,710	91,028	
1949	470,750	237,978	92,118	
1950	-	-	-	
1951	844,134	414,050	146,174	
1952	850,192	413,195	143,322	
1953	827,570	402,030	151,076	
1954	840,180	405,481	151,051	
1955	1,049,363	592,112	190,341	
1956	1,002,391	490,099	181,784	
1957	1,019,427	494,320	179,411	300.59
1958	1,044,581	507,134	183,819	
1959	1,087,243	521,336	191,236	
1960	1,163,671	578,7482	11,101	
1961	1,163,518	569,280	210,204	
1962	1,270,625	625,938	230,298	
1963	1,360,630	669,470	245,364	360.25
1964	1,399,859	589,569	250,688	
1965	1,419,808	698,396	256,164	
1966	1,426,019	712,897	272,730	373.23
1967	1,463,325	724,376	271,518	
1968	1,552,009	770,277	292,618	

출전 : 홍연진, 「인구와 시역(市域)의 변화」, 『부산 광복 60년』, 2006. 12, p.43.

1945년 광복 이후부터 1950년 한국전쟁기의 피난시절을 거쳐 1962년까지의 전차요금의 구간별 변천 추이를 살펴보면 다음과 같다.[100]

〈표 7〉 [부산시내 전차요금 추이][101]

구 분	보 통 권	
	1구간	2구간
1945. 6.1	20錢	40錢
1946. 1. 1	50錢	1圓
1947. 6. 1	1圓	2圓
1948. 6. 1	2원	4원
1949. 4. 4	5원	10원
1949. 10. 15	10원	20원
1950. 6. 20	20원	40원
1951. 1. 15	50원	100원
1951. 8. 16	150원	300원
1952. 5. 20	300원	600원
1953. 12. 1	7圜	14圜
1954. 12. 11	5원	30원
1957. 10. 10	25원	
1962. 6. 10	2원 50전	3원

자료 : 한국전력공사, 『韓國電氣百年史』下, 1989. p.1366에서 재인용.

버스나 택시 이용객들이 점차 증가하지만, 1963년 정부 직할시 승격 이후까지도 전차는 서민들이나 학생들의 주요 교통수단으로 이용되고 있음을 알 수 있다.

부산에서 전차운행이 폐지되기 2년 전인 1966년도 부산시의 인구는 1,426,019명이었다. 그중 1일 평균 전차를 이용하는 인구는 149,335명으

100) 부산직할시사편찬위원회, 『釜山市史』제3권, 1991.3, p.571에서 재인용.

101) ① 1953년 화폐개혁 100 : 1圜→환, ② 1962년 화폐개혁 10 : 1환→원

로 전체 인구의 10%에 그치고 있어 전차운행으로 인한 적자 누적액이 눈덩이처럼 늘어날 수밖에 없었다. 이러한 가운데 1966년 1월 19일에는 범일동 부산철도국 앞 전차 안에서 화재가 발생하여 40여 명의 승객이 밀고 밟으며 아우성을 치는 바람에 13명이 중경상을 입는 사건이 발생하였다.[102]

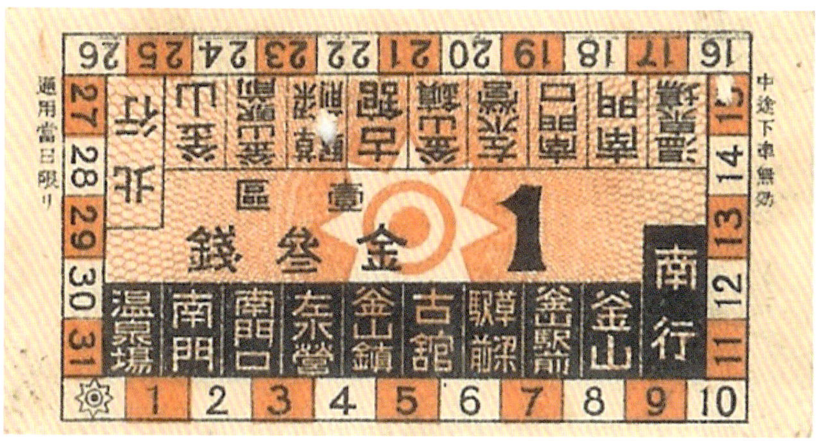

▲ 부산시내 전차승차권(1구간)

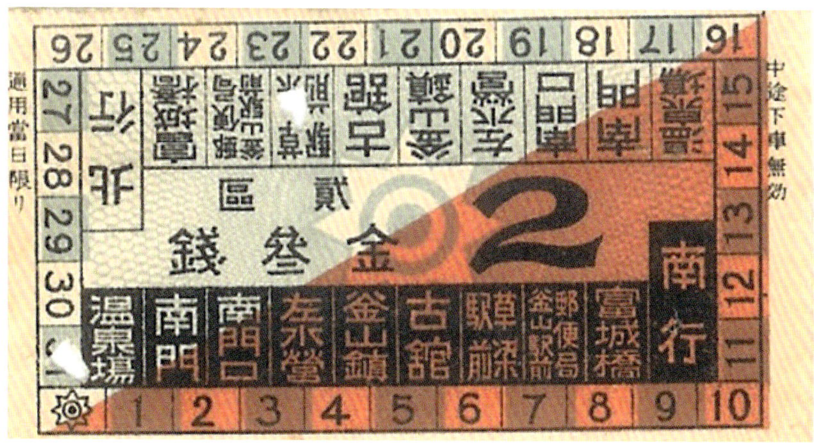

▲ 부산시내 전차승차권(2구간)

102) 박원표, 『釜港九十年』, 태화
출판사, 1966. 8, p.81.

　1957년부터 1966년까지 10년간 부산시 전차노선별로 운행되었던 전차의 운행횟수 변화를 〈표 8, 9〉에서 살펴보면, 매년 노선별 운행횟수와 1일 평균 승차인원이 꾸준히 늘어남에 따라 평균수입도 늘어나는 것을 알 수 있다.

〈표 8〉 [노선별 전차 운행횟수 변화]

(1966. 12 현재)

내 용 연 도	노선별 운행횟수				연차수	연횟수
	서면- 운동장	서면- 온천장	서면- 충무동	서면- 영도		
1957	88,676	29,988	-	59,835	257,965	178,499
1958	101,153	32,036	-	61,932	275,273	195,121
1959	100,286	31,695	-	63,012	292,529	194,993
1960	88,018	29,837	-	62,023	300,787	179,878
1961	92,200	27,719	-	60,104	304,954	180,523
1962	129,575	41,610	-	61,320	303,680	232,505
1963	89,060	33,580	27,375	37,960	309,885	187,978
1964	90,090	36,335	27,100	38,694	307,423	192,215
1965	92,345	21,170	36,975	36,129	310,514	186,615
1966	73,680	31,380	-	27,510	293,059	154,650

자료 : 부산시, 『釜山市統計年譜』 제6호, 1967에서 재인용.

　1966년 당시 부산시내를 운행하였던 버스는 관용, 자가용, 영업용을 포함해서 979대였으나, 1968년에 버스가 1,403대[103]로 증가하면서 전차는 시민들의 대중교통 수단으로서의 자리를 버스에 내어 주게 되었다. 이에 따라 시설의 노후화와 계속되는 적자 누적으로 전차 운행을 전면 폐지하게 되었다.

　부산과 함께 유일하게 전차가 운행되었던 서울의 1960년 이후 궤도사업 역시 서울시와 한국전력(주)이 상환가격을 놓고 10개월간 이룬 절충 끝에 1966년 6월 1일 서울시에 이관되었다. 이후 서울시에 의해 운행되다가 적자가 누적되면서 1968년 11월 30일 전차 운행이 폐지되었다.

103) 1960년대 부산시내를 운행하였던 버스현황은 부산직할시사편찬위원회에서 발간한 『釜山市史』 제3권, 1991. 3, pp.581~582 참조.

<표 9> [광복 이후 부산전차 운행상황]

(1966. 12 현재)

연 도	보유대수	영 업 연대수	1일 평균 운행대수	1일 평균 승차인원	1일 평균 수입(圓)	전력소비량 (kWh)
1957	73	14,788	40	79,336	114,711.28	4,085,254
1958	73	15,725	44	70,501	154,537.64	4,705,548
1959	73	16,651	46	77,654	168,841.45	5,058,826
1960	73	17,195	47	80,023	171,208.21	5,233,654
1961	73	17,423	48	106,783	224,688.26	5,113,675
1962	73	17,535	49	118,261	262,121.00	5,520,308
1963	75	17,885	55	122,070	296,301.00	5,989,403
1964	70	17,653	48	136,724	305,500.00	6,721,287
1965	69	310,514	48	141779	315,318.75	6,899,231
1966	64	310,514	46	149,335	334,666.00	6,411,091

자료 : 부산시, 『釜山市統計年譜』 제6호, 1967에서 재인용.

　　서울 전차사업의 서울시 이관을 계기로 부산시에도 전차사업을 이관하려고 한국전력(주)에서 1966년 이후 여러 차례 협상을 시도하였으나, 철로는 물론 객차 등 전반적인 시설의 노후와 노선운행에 따른 적자폭이 커 부산시와 이관 협의 자체가 성립되지 못하고 무산되었다. 한국전력(주)에서는 계속되는 누적 적자가 눈덩이처럼 불어나자 1968년 제51차 정기총회에서 이사회 결의에 따라 결국 부산 전차를 폐지하기로 결정하였다.

　　1968년 3월 27일 부산시는 5월 20일부터 없어질 전차에 대비해 서민교통수단으로 쓰일 "일석뻐스" 82대를 5월 19일까지 조립 완료하여 투입키로 하였으며, 요금은 운동장~동래까지 현행 2구간 15원(학생 8원)을 1구간 10원씩(학생 6원)으로 조정하였다. 또한 전차 이용 승객이 1일 평균 114,000명이지만, 현행 버스의 운행시간을 단축하여 14회(왕복)에서 16회로 운행횟수를 늘려 28,000명을 추가로 수송하고 나머지는 증차될 버스로 수송할 수 있다고 하였다.

▲ 서면로터리 부산탑(1960년대)

▲ 서면로터리 부산탑 야경(1960년대)

그리고 전차궤도가 철거되면 운동장~온천장간의 버스 운행시간을 약 11분 단축(정류장 22개소에 1개소당 30초의 지연시간을 잡음)할 수 있다고 밝혔다. 전차궤도 철거되면 운동장~온천장간 운행시간은 현재 60분에서 50분으로 단축된다고 밝히고 있다.[104]

1968년 5월 16일 부산시내 전차궤도 철거를 앞두고 버스 증차, 주차장 문제, 퇴직자처리 문제 등에 대하여 완전히 해결을 보지 못하고 있다는 문제에 대하여, 부산시는 계속 버스가 조립 중에 있으며 모자라는 차량은 변두리 버스 몇 십 대를 간선도로에 우선 충당시키고 좌석제 버스의 정원제를 당분간 철폐할 방침인 만큼 큰 지장은 없다고 밝히고 있다.

또한 시발점과 종착점에서 일어날 혼란문제는 전차가 철거되면 운동장앞 전차차고 대지 1천여 평을 우선 빌려 쓰고 추경에 예산을 반영하여 대지를 사들겠다고 밝히고 있다. 한국전력(주)에서는 전차운행 중지로 인한 전차종업원 퇴직문제에 대하여 당초 전원 해고 원칙을 변경하여, 일용원 99명만 해고하는 대신 6월분 봉급을 지급하고, 95명은 권고 및 희망사직 시키고 나

104) 『부산일보』, 1968년 3월 27일자.

머지 263명은 한국전력㈜ 산하 각 사업소에 전직시킬 것이라고 하였다.[105]

1968년 5월 17일에는 부산직할시장 명의로 「전차철거에 즈음하여」라는 담화를 발표하여 58년 동안이나 부산시민과 함께해온 대중교통이었던 전차운행 중지에 대한 소회와 교통난 해소를 위한 입장을 밝히고 있다.

또한 시대적 요구에 맞게 대형 입석버스(120대) 운행을 도입하여 전차 대신 서민의 발이 되는 친절한 교통수단이 되도록 최선을 다하겠다고 다짐하고 있다.[106] 5월 29일에는 전차철거 이후 시내 교통난이 가장 심각한 영도선에 대하여 6월 중순까지 교통량에 맞게 입석버스를 증차해 교통난을 해소시키겠다는 방침을 밝히고 있다.[107]

부산의 전차는 1909년 12월 2일 부산진~동래 남문간 증기기관차 영업을 개시하여 1915년 11월 1일 본격적인 전차사업이 시작된 이후 약 53년간 부산시민들과 함께하여 오다가, 1968년 5월 19일 마지막 운행을 끝으로 5월 20일부터 전면 폐지되었다.

전차운행이 폐지되면서 전차관련 사업설비 중에서 전기 공급사업 전용이 가능한 것을 제외하고는 전부 매각 처분키로 하였다. 토지를 비롯한 변전설비 등 9,453만여 원치의 자산은 남겨 놓고 철전선(鐵電線)을 비롯한 궤도설비는 2억 6,720만원에 매각하였다.

▲ 마지막 운행열차(동아대 보관)

105) 『부산일보』, 1968년 5월 17일자.
106) 『부산일보』, 1968년 5월 17일자. '담화문 원문' 참조
107) 『부산일보』, 1968년 5월 29일자.

▲ 마지막 운행열차 내부 모습

이렇게 1915년부터 1968년까지 부산시민들의 대중교통 수단으로 사랑을 받아왔던 전차는 역사 속으로 사라져 그 모습을 찾아볼 수 없게 되었다. 마지막으로 운행되었던 전차 객차 1량과 전차궤도 일부가 현재는 동아대학교 구덕캠퍼스 내에 보관되어 있는데, 2009년도 10월쯤이면 동아대학교 부민캠퍼스 박물관 광장에 50m의 레일을 깔고 전·후진시킬 수 있도록 하여 시민들과 학생들에게 체험공간으로 제공될 예정이다.[108]

이 전차는 1950년대 원조물자로 도입된 것이며, 재원은 길이 14m, 너비 2.8m로 표면은 철재이고 내부는 목재로 마감되어 있다. 내부는 2명씩 앉을 수 있는 좌석이 24개가 있고, 입석을 고려하면 100여 명이 탈 수 있다. 좌우 각각의 미닫이문으로 오르내릴 수 있다.

108) 이 전차는 동아대학교 설립자인 고 석당 정재환 박사가 한국전력주식회사에 전차 1량의 기증을 요청하여 기증받은 객차 1량이다.

6. 전차노선과 정차장

1) 전차운행 노선도

부산의 증기철도 부설은 1909년 6월 부산진~동래간 궤도 부설권 허가를 받으면서 시작되었다. 동년 8월 15일 궤도 부설공사를 착공하여 11월 말 부산진~동래 남문간 준공으로 12월 2일부터 영업을 시작하였다.

1913년 12월 26일에는 시내 전차선로 부설 및 부산진~동래 온천장간 철로개량 허가를 신청하여, 1915년 1월 20일 전차선로 부설과 철로개량 인가와 동시에 공사를 착공해 10월 31일 전차선로 교체공사가 준공되었다. 11월 1일 부산우체국~동래 온천장간 전차운행이 본격적으로 시작되었다.

1916년 대청정선(**대청동선**), 1917년 장수통선(**광복동선**)이 개통되고, 1928년 대신정(**대신동선**), 1933년 범일정선(**범일동선**), 1935년 목도선(**영도선**)이 연장 개통되면서 전차사업이 본궤도에 오르게 되었다. 또한 일제강점 말기에 소화통선(**충무동선**)이 개통되었다.

1940년대 초까지는 전차노선이 공설운동장~도청앞~시청앞~부산역~부산진역~자성대~서면~동래 온천장을 잇는 노선으로 운행되었다. 이후 공설운동장~도청앞~시청앞~부산역~부산진역~좌천동~시장앞~범일동~서면~동래 온천장을 잇는 노선이 언제부터 운행을 시작하였는지에 대한 기록은 찾을 수가 없다. 향토사학자인 한국항만연구회 김영호 회장에 의하면, 1943년 말부터 1944년 초경으로 이때 직접 전차를 타고 통학을 했다고 증

언하고 있다.[109]

1960년 12월 16일 현재 부산시에서 실시한 시내 주요지점 교통량 조사[110]에 따르면, 전차가 동래온천장~서면~교통국앞~부산역앞~대학병원앞~도청앞~공설운동장까지 운행되고 있다. 1962년 9월 당시 부산의 전차운행 노선은 〈표 10〉과 같다. 이 노선이 1968년 5월 19일 마지막 운행까지 유지되었다.

〈표 10〉 [1962년 전차영업 노선도]

(1962. 9 현재)

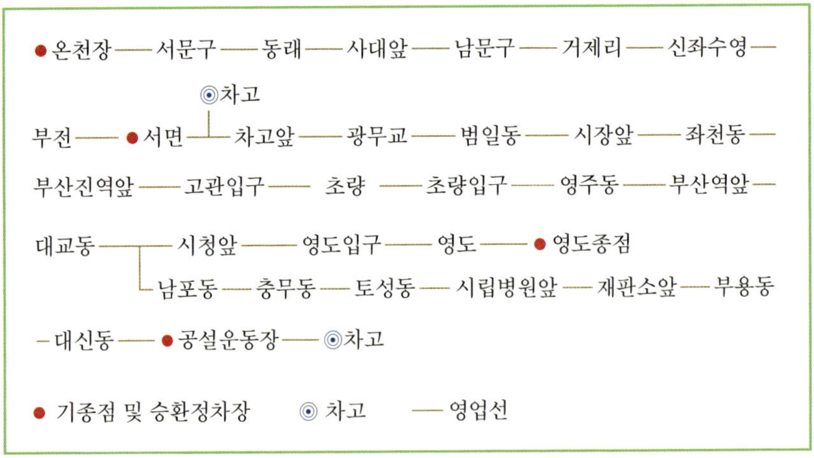

● 온천장 —— 서문구 —— 동래 —— 사대앞 —— 남문구 —— 거제리 —— 신좌수영 ——

◎ 차고

부전 —— ● 서면 ┴ 차고앞 —— 광무교 —— 범일동 —— 시장앞 —— 좌천동 ——

부산진역앞 —— 고관입구 —— 초량 —— 초량입구 —— 영주동 —— 부산역앞 ——

대교동 ┬ 시청앞 —— 영도입구 —— 영도 —— ● 영도종점

└ 남포동 —— 충무동 —— 토성동 —— 시립병원앞 —— 재판소앞 —— 부용동

— 대신동 —— ● 공설운동장 —— ◎ 차고

● 기종점 및 승환정차장　　◎ 차고　　—— 영업선

자료 : 韓國電力公社, 『韓國電氣百年史』 下, 1989, p.1366에서 재인용.

부산시내를 운행하던 전차는 도로의 확장과 포장, 교통량의 증가, 전차선로 및 전동차의 노후화로 인한 운행적자 누적으로 1968년 5월 19일 마지막으로 운행되었다. 5월 20일 운행이 폐지된 이후 전차선로가 철거되었으며, 일부 구간은 아스팔트 포장으로 묻혀버렸다.

당시 전차종점에는 시설물이 설치되어 있었으나 정차장에는 별도의 시설물이 설치되지 않고 전차표를 파는 매표소의 간이 시설물만 설치되어 있었

109) 한국항만연구회 회장이며 향토사학자인 김영호 회장은 전차가 1940년 초까지는 부산진역 입구에서 지금의 좌천동 입체교차로를 거쳐 부산진시장 앞을 지나 서면을 거쳐 동래 온천장까지 운행되었다고 하며, 부산진역 입구에서 좌천동을 거쳐 구 교통부(범일동)를 거쳐 과선교(1943년경 건설됐다고 함)를 지나 범내골교차로를 거쳐 서면으로 연결 운행된 것은 1943년 말~1944년 초경으로, 당시 직접 전차를 타고 다녔다고 한다.

110) 부산시, 『시세일람』, 1961 (4294), p.192.

으며, 시내의 일부 정차장에는 부대시설이 설치되어 있었다고 한다.

1960년대 부산의 전차는 서면을 기점으로 하는 3개 노선으로, 서면~공설운동장(**현 구덕운동장**), 서면~영도 남항동, 서면~동래 온천장 노선이 운행되었다. 당시 시내를 운행하던 전차 노선의 정차장 위치 고증을 위하여 여러 기록과 자료를 참고하였다.

또한 전차운행 당시의 정확한 정차장 위치를 고증하기 위하여 1965년부터 1967년까지 전차 기관사로 재직하였던 신방석(**1937년생**) 선생, 부산광역시 시사편찬위원을 엮임하신 향토사학자 주영택(**1938년생**) 가마골향토역사연구원장, 그리고 필자가 함께 2008년 3월 20일 자동차를 이용하여 당시 정차장이 있었던 현장을 찾아 직접 확인하고 사진을 촬영하였다. 일부 정차장에 대해서는 당시 전차를 타고 다녔던 고로(**古老**)들과 향토사학자[111]의 증언을 통하여 위치를 고증하였음을 밝혀두고자 한다.

옛 전차종점이나 정차장이 있었던 위치에 대형건물이 들어서거나 주택지로 변하여 그 흔적을 찾아볼 수 없었고, 일부는 도로의 확장 등으로 정차장 위치를 고증하는 데 많은 어려움이 있었다. 여기서 소개하고자 하는 전차 정차장 위치는 1962년도 부산의 전차영업 노선도의 순서를 따랐으며, 정차장 위치와 관련한 지명에 대한 유래와 주변지역의 역사유적을 간략하게 서술하였다.

2) 전차 정차장 위치

○ 온천장 전차종점(溫泉場 電車終點)

지금의 온천동사거리 부산은행 온천동지점(**동래구 장전로 23**) 부근에 종점역이 있으며, 현재는 주상복합 건물이 들어서 있는 곳이 종점이었다.

▲ 온천장 전차종점터(현 부산은행 온천동지점 뒷쪽)

이곳은 전차의 시발점과 종점 기능을 동시에 수행하였다고 한다.[112] 또한 온천장 전차종점에는 공설운동장 종점, 동래 정차장, 영도 전차종점터에 전차종점기념비가 세워져 있는 것과는 달리 기념표석 하나 세워져 있지 않다. 1926년에 다리(온천교)가 놓여져 1927년 10월 말 온천장 입구까지 전차선로 인입선과 온천장역사가 준공되면서 많은 입욕객들이 찾아왔다.

동래온천(東萊溫泉)[113]은 부산을 찾는 관광객이 쉬어 가는 천혜의 온천이 있어 많은 사람들이 즐겨 찾는 관광명소이다. 1481년 간행된 『동국여지승람』 동래현의 산천조에 온정에 대한 기록이 보이고, 1740년 간행된 『동래부지』에서는 온정을 설명하기를 "동래현의 5리 북쪽에 있다. 그 열은 계란을 익힐 만하고 병을 가진 자가 목욕을 하면 문득 낫고 신라시대에는 왕이 자주 행차했다. 벽돌 네 모서리에 구리기둥을 세웠는데 그 흔적이 아직 남아 있다"고

112) 당시(1965~1967) 전차 기관사였던 신방석 선생의 증언에 따르면, 당시 전차는 15~20분 간격으로 운행하였다고 한다.

113) 동래온천에 대해서는 (주)동래관광호텔에서 간행한 『東萊溫泉小誌(1991)』에 자세하게 소개되어 있다.

하였다.[114]

　동래온천은 신라 때부터 유명한 온천으로 고려시대는 명문거족이 오간 기록과 詩가 『동국여지승람』 등에 실려 있다. 그 당시에는 자연용출의 온천으로 돌로 만든 욕조에서 목욕을 했는데, 항상 10곡(1解은 10斗)가량의 물이 넘쳐 흐르는 것 같다고 한 데서 당시 온천의 명성을 알 수 있다.[115]

　동래온천의 수온은 가장 낮은 물이 38℃ 정도이고 가장 뜨거운 물이 65℃로 바로 온천을 하기에는 뜨거워 물의 온도를 조절해야만 이용할 수 있다고 한다. 온천수는 주성분이 식염천이고, 부성분은 함염화트류 식염천이다. 온천수는 마시면 만성 위장병과 위장근 쇠약증에 특효가 있는 것으로 알려져 있다.

　동래온천과 관련하여 전해내려 오는 백학설화가 있다. 설화의 내용은 다음과 같다.

　아주 옛날 신라시대 때 동래 고을에 다리를 쓰지 못하는 절름발이 노파가 살고 있었다. 어느날 노파는 집 근처에 있는 논에 백학 한 마리가 날아와 다리를 절룩거리면서 주변을 돌아다니고 있는 모습을 보았다. 이 노파는 같은 처지에 놓인 백학을 크게 동정하며 한참 동안 시선을 백학에게서 떼지 않았다. 백학은 다음 날도 역시 그곳에 와 서 있었다. 그리고는 사흘째 되는 날 백학은 이상하게도 다리를 절지 아니하고 그 근처를 몇 바퀴나 돌다가 기쁜 듯 힘차게 날아가 버렸다.

　이것을 본 노파는 '이상한 일이다. 학의 다리가 낫다니. 정말 신기한 일이다' 하고 중얼거리면서 백학이 서 있던 곳으로 가보니 따끈 따끈한 샘물이 솟고 있었다. '나도 이 물에 다리를 담가보아야 하겠다. 이것이 다리를 고쳐 주는 약천이구나' 노파는 이렇게 중얼거리면서 절름거리는 다리에 몇 번이고 약수를 찍어 발랐다. 이 약수는 신기하게도 효험이 있어 수일 후에는 그 다리가 부자유함이 없이 마음대로 움직이게 되었으니 노파의 기쁨은 더 말할 나위가 없었다. 이것을 본 마을 사람들은 놀라지 않을 수 없었다. 그리고 사람들은 이 샘을 온천이라 불렀다.

114) 부산광역시사편찬위원회, 『釜山地名總攬』 제2권, 1996, pp. 311~312.

115) 1776년 동래부사 강필리가 온정을 대대적으로 수축한 공적을 기리기 위해 세운 온정개건비가 동래구 온천동 135-26번지에 있으며, 부산시에서는 1972년 6월 26일 시지정 문화재 기념물 제14호로 지정하여 보존 관리해오고 있다.

○ 서문구 정차장(西門口 停車場)

동래 온천장에서 온천교를 건너 현대병원(동래구 문화로 517) 앞을 지나 명
륜로와 만나는 사거리에서 우회전하여 동래방면으로 따라 500m쯤에
서부터 명륜로와는 10~20m 간격을 두고 전차선로가 지나갔다고 한
다. 당시 전차선로 주변은 논으로 미나리깡이 많았으나, 지금은 주택
지로 변하여 그 흔적을 찾을 수가 없다.

▲ 서문구 정차장터(큰 건물이 영남저축은행)

정차장은 명륜동 사거리에서 명륜동지하철역 방향으로 50m 지점의 영
남저축은행(동래구 읍내길 153) 건물 뒷쪽 제일슈퍼 자리에 정차장이 있었다.
도로변에는 마을버스 정류장 안내판이 세워져 있다. 이곳은 옛 동래읍성의
서문이 있었다고 하여 정류장 이름을 서문구라 한 것으로 보인다.

인근 동래향교는 부산시 유형문화재 제6호(1972. 6. 26 지정)로 조선시대 지
방재정에 의해 설치된 공립 중등학교와 같은 교육기관이다. 성현에 대한 제

사와 유생에게 유학을 교육하는 교학기능과 함께 지방의 사회교화 기능을
담당하던 곳이다.

○ 동래 정차장(東萊 停車場)

서문구 정차장에서 지금의 명륜로 서쪽 20m 정도의 간격으로 나란히
지나 수안동 동래교차로 부근 부산은행 수안동지점(동래구 명륜로 101) 건
물 뒷쪽에 정차장이 있었다. 동래구에서 1996년 부산은행 앞 인도에
'동래 전차정차장기념비'를 세워 놓았다. 도로 건너편의 동래경찰서
자리가 옛 동래읍성 남문터이다.

▲ 동래 정차장터(수안R 부산운행 수안지점 뒷쪽)

▲ 동래 정차장터 기념비

수안동(壽安洞)은 동래부의 수장이던 동래부사가 집무하던 동헌(부산시 기념
물 제1호, 1972. 6. 26 지정)이 자리 잡고 있는 관아(官衙) 안이라는 뜻에서 유래된
지명이다.

1592년 임진왜란 때 동래읍성 남문에서 왜적의 대군과 싸우다 순국하신 부사 송상현공의 충절을 추모하기 위하여 1670년(현종 11)에 격전지였던 남문밖 농주산에 동래남문비[116](부산시 기념물 제21호)를 세웠다. 그후 1688년(숙종 14) 부사 이덕성이 중창하고, 1709년(숙종 35) 부사 권이진이 충렬사에 별사를 세울 때 별사 앞뜰로 옮겨 세웠으나, 1736년(영조 12) 별사를 없애게 되자 동래읍성 남문 자리로 옮겨 세웠다. 지금은 부산박물관 화단 뜰에 이건하여 보존·관리하고 있다.

○ 사대앞 정차장(師大前 停車場)

동래 정차장에서 지금의 명륜로 보다 약 10m 정도의 간격을 두고 달리다가 세병교(洗兵橋)[117] 윗쪽을 지나 교대사거리에서 시내방면 이사벨중학교(연제구 중앙로 2201) 앞 지하철 1호선 교대역 1번 출구 부근에 정차장이 있었다. 사대앞 정차장은 이곳이 부산사범대학(부산교육대학교 전신) 앞이라 붙여진 이름이다.

116) 부산광역시사편찬위원회, 『釜山地名總攬』 제2권, 1996, pp. 280~281.

117) '세병'은 병기를 씻어서 거둔다는 뜻으로 전쟁이 끝나 평화가 돌아옴을 말함, 세병문 남쪽에 위치했기 때문에 불렀다고 한다.

▲ 사대앞 정차장터(현 부산교육대학교 입구)

이곳은 도시화로 인해 그 흔적을 찾을 수는 없지만, 광복 이전까지만 해도 한새벌이라는 자연마을이 있었다. 이곳에 있는 나즈막한 산인 십자산(十字山) 일대를 학란(鶴卵), 황새알, 한새알, 한새벌이라고 부른다. 이곳은 소나무가 우거진 동산의 모습이 황새의 알과 같이 생겼다고 하여 붙여진 이름이다. 황새는 나뭇가지를 이용하여 둥지를 트는데 그 당시는 십자산 소나무 가지에 둥지를 틀고 알을 낳았을 것이다.[118]

이 황새알터를 한자로 학란(鶴卵)으로 표기하고 있는데 엄격한 의미의 학란이라면 두루미의 알이지 황새의 알은 아니다. 십자산(十字山)이 황새알 모양을 해서 황새알터라는 설도 있다. 그러나 새의 알 모양은 거의 같은데 굳이 황새알터라 한 것으로 보아 황새가 알을 많이 낳아서 그렇게 부른 게 아닌가 한다.

○ 남문구 정차장(南門口 停車場)

연제구 거제동 이사벨중학교 앞에 있었던 사대앞 정차장에서 동해남부선 왼쪽 교각 밑을 지나 우측 거제로를 따라 시내방면으로 가다 지하철 3호선 거제역 6번 출구와 건너편 유엔아이 아파트(연제구 아시아드로 64) 사이에 정차장이 있었다.

▲ 남문구 정차장터(현 지하철 3호선 거제역 6번 출구)

118) 부산광역시사편찬위원회, 『부산지명총람』 제2권, 1996, pp.33~34.

정차장 이름이 남문구인 것은 이곳이 동래읍성 남문으로 들어가는 입구라는 뜻에서 부르게 된 것이다. 이곳에는 1970년대만 해도 자연마을인 남문구 마을이 있었다. 지금도 남문구굴다리, 남문장여관, 남문상회 등 지명과 관련된 이름들이 많이 남아 있다. 이곳은 동래읍성의 남문으로 들어가는 입구 부근에 있던 마을이라, 남문구(南門口) 마을이라 불렀다.

동래읍성 남문은 무우루(無憂樓)로, 2층 누각에 3칸 건물이었다. 남문은 지금의 동래경찰서 부근에 있었다. 정차장이 있었던 주변은 2001년 10월에 서구 부민동에 있던 법원과 검찰청사가 이곳으로 옮겨오면서 연산동의 시청, 경찰청, 시의회와 더불어 부산의 행정중심지로 부상하고 있다. 또한 2002년 월드컵과 아시안게임이 개최되었던 아시안게임 주경기장이 있어 시민들의 여가선용 공간으로 활용되고 있다.

○ 거제리 정차장(巨堤里 停車場)

남문구 굴다리에서 옛 조선견직(지금의 거제현대아파트 자리)를 지나 동해남부선 거제역 조금 못미쳐서 부산은행 거제동지점(연제구 거제로 254, 거제3동 583-16) 부근에 정차장이 있었다. 사직동에서 시내로 가려면 이곳까지 걸어와서 전차를 타고 갔어야 했다고 한다.

정차장이 있었던 이곳 주변을 "홰바지"라 하였다. 옛날에 부산진시장(음력 4, 9)으로 간 상인들이 저녁 무렵까

▲ 거제리 정차장터(부산은행 거제동지점 부근)

지 물건을 판매하다가 짐을 싸질머지고 집으로 돌아오는데 지금처럼 자동차가 있던 시대가 아니었으므로 걸어서 집에 오게 되자 그 가족들이 횃불을 들고 이곳까지 마중 나온 곳이라 하여 홰바지라 하였다. 또한 일설에는 유사시에 동래부 관원이 이곳까지 횃불을 들고 마중 나왔다는 설도 있다. 이런 관계로 "홰맞이"라 부르던 것이 점차 음이 변하여 "홰바지"로 부르게 된 것이라 한다.

홰바지 마을[119]은 거제로에서 거제3동 거제시장으로 들어가는 입구에 위치한 육교 주변 일대(옛 철도관사 부근)에서 현대아파트까지 걸쳐 있던 자연마을이다. 홰바지 마을은 해받이, 해바지, 해맞이, 해마지, 홰받이, 거점(炬店) 마을 등으로도 불리기도 했다.

○ 신좌수영 정차장(新左水營 停車場)

하마정 사거리를 지나 송공삼거리 조금 못미처 양정동 대원칸타빌 아파트(부산진구 거제로 80) 앞에 정차장이 있었다. 사대앞 정차장에서 지금의 거제로를 따라서 전차선로와 동해남부선 철로가 나란히 지나가고 있어, 당시에는 거제로 주변이 부산~동래간 간선도로 역할을 하였다고 한다.

신좌수영 마을[120]은 양정동에 있던 마을이다. 전포동에서 동래 쪽인 양정

▲ 신좌수영 정차장터(현 양정동 대원칸타빌 아파트 앞)

119) 부산광역시사편찬위원회, 『釜山地名總攬』 제6권, 2000, p.32.
120) 부산광역시사편찬위원회, 『부산지명총람』 제2권, 1996, p.162.

동 · 거제동으로 넘어가는 고개를 신좌수영고개라고 하였다. 지금의 동래부사 송상현공 동상의 서쪽 자리에 정차장이 있었는데 신좌수영역이라 하였다. 정차장 부근으로 울산 개운포에 있던 경상좌수영이 옮겨졌다가, 다시 지금의 수영으로 옮겨갔다고 한다.

개운포(開雲浦)에 있던 좌수영이 이곳으로 옮겨오면서 신좌수영이라고 하였다. 마을이 신좌수영 부근에 있었다고 하여 신좌수영 마을이라고 불렀다. 실제로 이곳에 좌수영이 옮겨왔다는 기록은 보이지 않는다. 이곳을 신좌수영이라 한 것은 가까운 수영에 좌수영성이 있었고, 우리나라 수군기지인 좌수영으로 들어가는 입구이기 때문에 그렇게 부른 것이 아닐까 한다.[121]

○ 부전 정차장(釜田 停車場)

송공삼거리에서 중앙로를 따라 서면방면으로 가다보면 삼전교차로를 지나 지하철 1호선 부전동역 7번 출구 부근 부산결핵과병원(부산진구 중앙로 1251) 앞에 정차장이 있었다.

▲ 부전 정차장터(지하철 1호선 부전역 7번출구 부근)

121) 박원표, 『부산변천기』, 태화출판사, 1970 참조.

이곳은 부전동·전포동·범전동의 경계가 되는 곳이라 하여 삼전(三田)이라는 이름을 가지게 된 것이다.

인근의 부전시장은 부산의 대표적인 재래시장의 하나로 광복과 한국전쟁 때 피난민들의 가건물이 들어서 있었던 생활의 터전이었던 곳이다. 시장 2층에 있는 인삼도매상가는 부산·경남 일대에서 최대규모의 인삼시장으로 이름난 곳으로 수삼, 건삼, 홍삼, 인삼 엑기스 등 인삼제품뿐만 아니라, 영지버섯, 벌꿀 등이 판매되고 있다.

부전리(釜田里) 마을[122]은 부전동에 있던 마을이다. 오늘날 부전동은 조선시대에는 동평면 부현리(釜峴里)에 속하였다. 1740년에 간행된 『동래부지』를 보면, "부현리는 동평면에 속해 있었고, 관문(官門)에서 16리 거리에 위치한다"고 하였다.

○ 서면 정차장(西面 停車場)

서면교차로(1960년대 당시에는 서면로터리라 하였음) 가운데 정차장이 있었다. 서면교차로에는 1963년 정부 직할시 승격을 기념하여 부산탑이 세워져 있었으나, 1981년 7월 지하철 1호선 공사로 인하여 철거되어 버렸다. 서면교차로 부근은 부산의 금융·상업·유통의 1번지로 부산의 중심지로 자리 잡게 되었다.

오늘날은 부산진구의 부전동·전포동 일대를 서면(西面)[123]이라 하지만, 조선시대 동래부 서면 지역은 아주 넓었다. 일제강점 이후 서면은 동래군의 서상면과 서하면으로 나누어졌다가, 1936년 부산부 부산진출장소에 편입되었다. 이곳에 원형로터리가 조성된 것은 1957년이었다. 1963년 정부 직할시로 승격되고, 그 승격을 기념하는 뜻으로 서면 원형로타리 한가운데 높이 23m의 부산탑이 12월 14일 준공되었다. 그 부산탑은 아치형으로 되어 전차가 다니는 1968년까지만 해도 그 아치형 아래로 전차가 지나다녔다.

122) 부산광역시사편찬위원회, 『釜山地名總攬』 제2권, 1996, p.149.
123) 『東萊府誌』, 1740, 방리조 참조.

탑의 조형이 부산이라는 한글 글자를 상징하면서 윗쪽으로는 오륙도가 조각되어 부산을 상징하는 휘장 구실을 했다. 탑 중앙에는 자유의 횃불을 든 남녀 동상이 발랄한 기상을 보였다. 탑을 중심한 원형로타리 안으로는 꽃밭이 조성되어 사계절을 따라 변화하는 미관을 나타냈다. 그러나 폭주하는 교통량의 증가로 인한 교통의 완화와 지하철 1호선 공사로 1981년 7월 철거되어 일부분인 상징물은 부산박물관에 보관되어 있다.

▲ 서면로터리 부산탑(1960년대)

▲ 서면로터리 주변(2008년, 항공사진)

○ 차고앞 정차장(車庫前 停車場)

서면교차로에서 옛 태화백화점을 지나 지금은 대형 소핑몰인 서면 피에스타(부산 진구 중앙로 1054) 앞 중앙로변에 정차장이 있었다. 차고 앞이라는 이름은 한국전력공사 부산사업본부(부산진구 부전1동 224-7) 자리에 전차 차고지가 있었기 때문에 붙여진 것이다. 이 차고지는 전차의 고장수리 및 전차의 정비를 위해 사용되었던 것으로 보인다. 1962년 차고로 진입할 수 있는 단선 선로가 신설되기도 하였다.

▲ 차고앞 정차장터(현 서면 피에스타쇼핑몰 앞)

부산의 전차사업을 담당하였던 회사는 1909~1910년 부산경편궤도(주), 1911~1945년 한국와사전기(주), 1946~1960년 남선전기(주)였고, 1961~1968년 전차가 폐지될 때까지는 한국전력(주)에서 운영하였다.

○ 광무교 정차장(光武橋 停車場)

서면교차로와 범내골교차로 중간 지점 동천에 가로놓인 다리인 광무교를 지나 삼성금융프라자 빌딩(부산진구 중앙로 1017) 앞에 정차장이 있었다.

광무교(1956년 건설)는 부전2동과 범천1동을 잇는 다리로 서면교차로와 범내골교차로 사이에 있는 교량으로 동천에 가로놓여 있다. 부산 도심의 제1간선도로인 중앙로 상에 있는 주요 교량 중 하나로 교량 밑으로는 지하철 1

호선이 나란히 달리고 있다.

▲ 광무교 정차장터(현 삼성금융프라자 빌딩 앞)

　동천(東川)[124]은 백양산에서 발원하여 성지곡수원지를 지나 서면을 거쳐 오늘날의 문현동과 부산진지성(자성대라고도 함) 사이로 해서 부산항으로 흘러 드는 길이 8km나 되는 하천이다. 옛날에는 풍만강 또는 보만강이라고 했 다. 그것은 풍만에서 변한 말이 아닌가 한다. 동천이란 이름은 부산진쪽(지 금의 좌천동)에서 볼 때 동쪽으로 흐르기 때문에 그렇게 부르게 된 것이다.

○ 범일동 정차장(凡一洞 停車場)

　범내골교차로에서 과선교를 지나 구 교통부 방면으로 가다가 범곡교 차로 부근 옛 보림극장(동구 중앙로 845) 앞에 정차장이 있었다. 범내골교 차로에서 이곳 범일동 정차장까지의 선로가 연결되어 운행을 시작한

124) 부산직할시 부산진구청,
　『釜山鎭郷土誌』, 1989,
　pp.54~55.

것이 정확히 언제인지 기록이 보이지 않는다. 한국항만연구회 김영호 회장에 따르면, 부산진역 입구에서 좌천동을 거쳐 구 교통부(범일동)와 과선교(1943년경 건설됐다고 함)를 지나 범내골 교차로 서면으로 연결 운행된 것은 1943년 말~1944년 초경으로, 당시 직접 전차를 타고 다녔다고 증언을 하고 있다.

▲ 범일동 정차장터(옛 보림극장 앞 부근)

옛 보림극장 뒷쪽인 범일6동의 서쪽 계곡을 범내골이라 불렀다. 이곳에는 범이 때때로 나타났기 때문에 범내, 호천이라 불렀다. 오늘날 범천이라고 부르는 것은 호랑이를 뜻하는 범(虎)의 음을 한자에서 빌려 표기한 것이다. 이 범내골 일대에 있던 마을이라 하여 범내골 마을이라 불렀다.

자연마을인 범내골 마을은 부산진구 범천4동과 동구 범일6동에 걸쳐서 있었던 마을이다. 1740년에 간행된 『동래부지』에는, [125] "동평면 소속에 범천(凡川)1리, 2리가 있다. 범천1리는 관문에서 20리, 2리는 21리 거리에 있

125) 『동래부지(1740)』 방리조 참조.

다"고 하였다. 1832년(순조 32)에 간행된 『동래부읍지』 방리조를 보면, 부산면 소속에 범천 1, 2리가 보인다.

○ 시장앞 정차장(市場前 停車場)

구 교통부앞 옛 보림극장에서 좌천동 방면으로 가다보면 지금은 철거되어 그 흔적을 찾을 수 없는 옛 삼성극장(동구 중앙로 702) 앞에 정차장이 있었다. 이곳에서 철도건널목을 건너면 부산진시장이 있어 정차장 이름이 시장앞이 된 것으로 보인다.

▲ 시장앞 정차장터(옛 삼일극장 앞)

조선시대 부산장(음 4, 9)은 재래 5일장으로 부산 인근 경남지역과 멀리 호남지방의 토산물이 거래되는 등 그 규모가 컸다. 1914년 9월 이후 부산장의 장터에 부산진시장이라는 공설시장이 들어섰다. 지금도 부산진시장은 국제시장과 함께 부산의 대표적인 재래시장이다.

부산진시장은 부산 최대 재래시장의 하나로, 1770년 간행된『동국문헌비고』에 보면, "부산진성 서문 밖에 4일, 9일장의 정기시장인 부산장이 있었다"고 했다. 조선시대 부산장(4, 9일)은 읍내장(2, 7일), 좌수영장(5, 10일 또는 3, 8일), 독지장(1, 6일), 하단장(5, 10일)과 함께 부산지역의 5일장 체계를 이루고 있었다.

○ 좌천동 정차장(佐川洞 停車場)

　동구 좌천동 가구거리 중간쯤에 있는 일신기독교병원(동구 정공단길 102) 입구인 지하철 1호선 좌천동역 7번 출구 부근에 정차장이 있었다.

▲ 좌천동 정차장터(지하철 1호선 좌천동역 7번 출구 부근)

　좌천동은 1740년 간행된『동래부지』에 나오는 좌자천(佐自川)에서 유래되었다. 좌자천은 가야산 및 감고개에서 발원하여 수정동의 중앙을 거쳐 부산진 동쪽으로 돌아 바다로 들어가는 작은 개천을 말한다.

좌천마을[126]은 좌천동에 있던 자연마을이다. 1607년에 설치된 두모포왜관(豆毛浦倭館)을 보면, 왜관의 동문 밖으로 좌천이 흐르고 있다고 하였다. 좌천 부근에 왜관이 설치될 정도로 이 일대에는 일찍부터 마을이 형성되었다. 정차장이 있었던 뒷쪽에는 부산(釜山)이라는 지명 유래의 근원이 되는 증산(甑山)이 자리 잡고 있다.

○ 부산진역앞 정차장(釜山鎭驛前 停車場)

좌천동 지하철역에서 좌천삼거리를 거쳐 봉생병원을 조금 지나서 부산일보 건물과 경부선 부산진역 사이(지하에는 지하철 1호선 부산진역이 있음)에 정차장이 있었다.

▲ 부산진역앞 정차장터(경부선 부산지역 앞)

126) 부산광역시사편찬위원회, 『釜山地名總攬』 제1권, 1995, pp.337~338.

부산진이라 지명은 조선시대 왜적의 침략을 막기 위해 설치된 부산진첨사영(釜山鎭僉使營)이 있었던 곳이라는 데서 생긴 것이다. 이곳은 임진왜란 당시 첨사 정발(鄭撥) 장군과 군·관·민이 혼연일체가 되어 최후까지 싸우다 장렬하게 전사한 곳이다.

일제강점기 때는 부산진 지역을 1, 2기에 걸쳐 매축하였다. 제1기 매축공사는 1913년 6월 착공하여 1917년 준공(144,188평 매축)하였고, 제2기 매축공사는 1926년 11월 1일 착공하여 1932년 12월 준공(부산진과 우암 앞바다 162,050평 매축)하였다(일부는 1938년 8월 준공(151,190평). 매축지에는 시가지를 조성하였다. 당시의 매축기념비가 동부경찰서 화단에 세워져 있다. 지금의 중앙로 앞쪽은 육지지만, 매축 이전에는 부산항으로 바다였다.

○ 고관입구 정차장(古館入口 停車場)

동구 수정동 부산일보 앞을 지나 중앙로에서 초량 뒷길인 고관길로 접어들어 가다보면 다대첨사 윤홍신 장군 석상이 있는 소공원이 있는데, 그 맞은편 버스정류장(동구 정발로 185)의 안내판이 서 있는 곳이 정차장 자리이다.

▲ 고관입구 정차장터(고관입구 버스정류장 부근)

　동구 수정 2동 좋은날 커피숍에서 한국화장품 사이에 있는 1,500m 길을 고관길이라 부르고 있고, 이 도로 밑에는 전차운행이 중지되었을 때 철거하지 못한 옛 전차선로가 아스팔트 아래에 묻혀 있다.

　1592년 임진왜란 이후 일본의 요청에 따라 국교가 재개되면서, 1607년(선조 40) 부산포에 왜관을 설치하여 무역을 허락한 곳이 두모포왜관이다. 왜관의 규모는 동서 126보, 남북 63보(1보=1간=1.818m)의 약 1만평 정도인데, 동쪽은 바다에 접해 있고, 서 · 남 · 북쪽은 담벽을 쌓아 경계를 이루었다.

　1678년 초량으로 이건한 왜관을 초량왜관이라 하여 신관(新館), 두모포왜관을 구관(舊館, 또는 古館)으로 부르게 된 것이 오늘에 이르고 있다. 지금도 이곳에는 고관입구라는 버스정류장을 알리는 안내판이 있을 정도다. 고관마을[127]은 수정 2동에 있었던 마을이다.

○ 초량 정차장(草梁 停車場)

　고관길을 따라 구 침례병원(옛 철도관사 자리)과 맞은편 중앙초등학교(동구 정발로 180) 사이에 정차장이 있었다. 초량 정차장에는 다른 정차장과는 달리 전차에서 내리는 발판이 설치되어 있었다고 한다.

▲ 초량어귀의 모습(1930년대)

▲ 초량 정차장터(중앙초등학교 앞)

127) 부산광역시사편찬위원회, 『釜山地名總攬』 제1권, 1995, pp.308~310.

초량동(草梁洞)의 유래[128]는 1678년 지금의 용두산 주위에 초량왜관이 설치되기 이전에는 지금의 부평동에 어민들이 얼마간 살았을 뿐 초량 이남은 사람이 살지 않은 억새풀과 띠풀의 초원지대로 '샛디'라 하여 초량이었다.

그 초량이란 이름이 맨 먼저 쓰인 곳은 사천면(沙川面)인 지금의 서구 일대였다. 그뒤 지금의 초량을 신초량이라 하게 되었다. 이후 동래부사 정현덕은 같은 고을에 같은 이름이 둘 있을 수 없다 하여 신초량을 초량이라 하고, 구초량을 부민동이라 하게 했다고 한다.

한편, 초량동은 조선후기 해정리(海丁里)라고 하였으며, 이 지역에는 고분이 있었고 해정리의 해변은 노송이 울창하여 이곳을 일본인들은 기석빈(棋石賓)이라 불렀다. 이는 바로 물로 씻은 깨끗한 돌들이 널려 있어서 흡사 바둑돌과 같았다는 데서 불려진 이름이다.

○ 초량입구 정차장(草梁入口 停車場)

구 침례병원에서 일본영사관을 지나 부산진첨사 정발 장군 동상앞 삼거리에서 우측으로 돌아 부산역 방면으로 약간 내린 자리인 지하철 1호선 초량동역 1번 출구 부근(동구 중앙로 399-1)에 정차장이 있었다. 초량입구 정차장이라 한 것은 초량으로 들어가는 입구라 하여 편의상 붙여진 것으로 보인다.

▲ 초량입구 정차장터(지하철 1호선 초량동역 1번 출구 부근)

128) 부산광역시사편찬위원회, 『釜山地名總攬』 제1권, 1995, pp.343~344.

　당시 초량입구 정차장 맞은편에는 1905년 1월 1일 경부선 철도가 개통되면서 영업을 개시하였던 초량역(草梁驛)이 자리 잡고 있었다. 1908년 4월 1일 경부선 기점 초량역을 부산역(釜山驛)[129]으로 연장하여 영업을 개시하였고, 1969년 6월 10일 지금의 초량동 부산역사(釜山驛舍; 1953. 11. 27. 역전대화재로 소실)를 신축하여 영업을 재개해 오늘에 이르고 있다.

○ 영주동 정차장(瀛州洞 停車場)

　부산역 앞을 지나 영주동 부산터널 입구인 신한은행(옛 조흥은행) 영주지점(동구 중앙로 303) 앞 영주교차로 부근에 정차장이 있었다. 지금은 부산터널에서 부두로 이어지는 고가도로가 설치되어 교통의 중심지 역할을 하고 있다.

▲ 영주동 정차장터(영주동 교차로 부근)

　정차장 부근에 있는 봉래초등학교 자리에는 초량객사(草梁客舍)가 있었다. 이 객사는 1678년 초량왜관을 이건해 오면서 세워졌다. 조선왕조 건국 이

래 역대 국왕의 전패(殿牌)를 봉안한 곳으로 숙배소(肅拜所) · 주소(住所) 또는
외대청(外大廳)이라 부르기도 하였다. 일본사신은 부산에 도착하면 반드시
이곳에 와서 접위관(接慰官)인 동래부사의 안내를 받아 숙배를 올리고 예물
을 증정하였다.

영주동의 옛 이름은 임소(任所)였다. 1890년 부산개항 이후 외교통상의 업
무량이 늘어나자 감리서(監理署)를 설치하여 외교 통상업무를 담당하게 하였
다. 그 관아 시설은 지금의 봉래초등학교 자리에 있었다. 감리서가 있었다
는 의미에서, 또한 관원이 근무하는 직소(職所)라는 뜻에서 임소라고 불렸던
것이다.

○ 부산역앞 정차장(釜山驛前 停車場)

영주동교차로에서 중앙로를 따라 중부경찰서 앞을 지나 지금의 지하
철 1호선 중앙동역 지상부분으로 동아일보 부산지사(중구 중앙로 119)와
맞은편 한진해운 빌딩(중구 중앙로 118) 사이에 정차장이 있었다.

▲ 부산역앞 정차장터(동아일보 부산지사 앞)

이곳 가까이에는 부산과 일본을 오고가는 국제여객부두와 경부선 부산역이 있어 일본관광객들은 이곳 정차장에서 전차를 타고 동래온천 관광을 즐기곤 하였다. 당시 부산역(1908~1953년)은 현재의 부산역이 아니라 부산역전 대화재(1953. 11. 27) 때 불타 없어진 역사(驛舍)로, 부산경남본부세관 맞은편의 부산역 소화물취급소 자리에 있었다.

1901년 8월 경부선(초량~영등포간) 부설공사를 착공하여 1904년 11월 전 노선을 준공해 1905년 1월 1일부터 영업을 개시하였다. 당시 남쪽 기점이 초량이어서 교통상 매우 불편하였다고 한다. 1908년에는 철도를 부산까지 연장하여 동년 4월 1일 임시 부산역사에서 철도업무를 개시하였다. 1909년 1월 8일 순종황제의 순행이 있어 처음으로 궁정열차를 운행하였다.

부산역사(釜山驛舍)[130]는 1908년 6월에 착공하여, 1910년 10월 31일 준공하였다. 건물의 평수는 370.6평에 처마 높이가 34척, 둠(Doum) 지붕의 꼭대기까지는 75척 높이에 이른다. 역사 건물은 대단히 아름다운 건축으로 맞은편의 부산세관청사와 함께 부산의 대표적인 건축물이었다고 한다. 안타깝게도 지금은 사진으로만 만날 수 있다.

○ 대교동 정차장(大橋洞 停車場)

중앙동 지하철역에서 부산우체국 앞 우체국사거리를 지나 옛 부산시청과 중간지점인 중앙동 4가 한국증권거래소(중구 중앙로 60) 맞은편 국민은행 중앙동지점(중앙로 59) 사이 중앙로에 정차장이 있었다.

인근에는 일제강점기 때 독립운동의 산실로 상해 임시정부의 국내자금 조달처로 유명했던 백산상회[131]가 중구 동광동 3가 10-2번지에 위치해 있으며, 이곳의 도로명도 백산거리로 명명되어 있다. 백산상회는 일제의 탄압이 극심했던 1910~1920년대에 백산 안희제(1885. 8~1944. 8)에 의해 설립되었다. 1995년 8월 15일 중구청에서는 광복 50주년을 맞이하여 옛 백산상회 자리에 지하

130) 川島喜彙, 『新釜山大觀』, 1935, p. 65 참조.
131) 부산광역시사편찬위원회, 『釜山地名總攬』, 1995, pp.135~136.

2층의 '백산기념관' 을 개관하여 선생의 생전 활동상과 관련유물 및 각종 서적 자료를 전시하고 있다. 백산의 항일독립정신을 이어받는 산교육장으로 이용하고 있다. 백산의 흉상은 용두산공원 용탑 옆에 세워져 있다.

▲ 대교동 정차장터(국민은행 중앙동지점 앞)

○ 시청앞 정차장(市廳前 停留場)

옛 부산시청(제2롯데월드, 중구 중앙로 1) 앞 교차로에 정차장이 있었다. 영도선은 이곳에서 영도대교를 거쳐 남항동 영도 전차종점까지이며, 영도선 정차장은 별도로 소개하고자 한다.

부산부 청사(釜山府 廳舍)는 중구 동광동 용두산 남쪽 중턱(현 기업은행 동광동지점 뒷편 언덕)에 있었다. 지금의 중구 중앙동 7가 20번지에 신청사를 1934년 3월 23일 착공하여 여러 차례 설계변경 등을 통해 1936년 3월 31일 준공해 4월 1일부터 사무를 시작하였다. 광복 이후 부산시 청사로 사용되어 오다가 1998년 1월 20일 연산동 신청사로 이전하면서 중앙동시대를 마감하고 연산동시대를 맞이하게 되었다.

▲ 시청앞 정차장터(1960년대 시청앞 전경)

옛 부산시 청사는 1998년 10월 제2롯데월드 신축공사로 철거되어 역사의 뒤안길로 사라져 버렸다. 옛 시청사 자리는 용미산(龍尾山)으로 용미산신사가 있었고, 한때는 부산전등(주)의 화력발전소가 있었던 곳이다. 1740년 간행된 『동래부지』에는 용미산이 동산(東山), 용두산(龍頭山)은 송현산(松峴山) 또는 초량소산(草梁小山)이라 기록되어 있다.

○ 남포동 정차장(南浦洞 停車場)
옛 부산시청 앞 교차로에서 구덕로를 따라 가다가 자갈치시장 입구 부근에 있는 부산 중부경찰서 남포지구대(중구 구덕로 115) 앞에 정차장이 있었다.

일제강점기 때 이곳 앞바다를 '남빈(南濱)'이라 하였고, 지금의 북항을 '북빈(北濱)'으로 불렀다. 광복 이후 우리 동명으로 개정할 때 남포동으로 바꾸었다.

▲ 남포동 정차장터(오른쪽 끝자락이 남포동지구대)

　자갈치란 지명은 자갈해안에서 비롯되었다는 설과 활어만을 취급한다고
하여 활어로서만이 거래되는 자갈치란 어종의 명칭에서 유래되었다는 설이
있다. 또한 개항 당시 이곳은 보수천 하구로 주먹만한 옥돌로 된 자갈이 있
는 해안이었다는 데서 붙여진 이름이라고도 한다.

　1910년 부산어시장이 설립되면서 자갈치시장의 활어 유통기능이 지속적
으로 이루어져 명맥을 유지하였다. 오늘날의 자갈치시장은 자갈치어패류처
리장이 들어서 있는 중구 남포동을 중심으로 하는 갯가 시장으로 본래 이
자리는 "자갈치 어패류처리장"이 들어서 있었던 곳이다.

　자갈치시장은 전국 어디서도 찾아볼 수 없는, 부산만이 가지는 바다 내음
이 물씬 풍기는 곳이다. "자갈치 아지매" 또는 "자갈치 아줌마"라고 하면
억척스런 생활력으로 널리 알려져 있다. 오늘을 열심히 살아가는 다이나믹
한 "자갈치 아지매"들은 부산 사람의 특유한 기질을 상징하는 가장 부산다
운 사람들인지도 모른다.

○ 충무동 정차장(忠武洞 停車場)

부산 중부경찰서 남포지구대에서 구덕로를 따라 충무동 교차로 못미쳐 자갈치사거리(지하철 1호선 자갈치역 지상부분) 보수로(보수천 복개로)로 우회전하여 지금의 부산2저축은행 충무동지점(중구 구덕로 150, 남포동 6가 63) 옆쪽 보수로에 정차장이 있었다. 지금은 보수천이 복개되었지만 당시만 해도 맑은 물이 흐르는 하천이었다.

▲ 충무동 정차장터(부산2저축은행 충무동지점 부근)

충무동(忠武洞)[132]은 원래 부민포에 속한 해변이었다. 대정공원(현 서구청 자리)이 1918년 설치되면서 그 아래 광장이 생겼다. 이 광장에는 도로 개설로 인해 로터리가 생겼다. 로터리가 되기 이전에는 당시 부산에서 가장 넓은 지대였기 때문에 많은 군중이 모일 수 있는 집회 장소였다. 남쪽해안과 서쪽해안이 매축되고 시가지가 번창하였다.

일제강점기 때는 일본 천황의 연호를 따 소화통(昭和通)이라 불리었다.

132) 부산광역시사편찬위원회, 『釜山地名總攬』 제1권, 1995, p.275.

1947년 일제식 동명이 개정될 때 충무공 이순신 장군의 부산포해전 승리를 기념하는 비석을 세우고 충무동로터리(지금은 충무동교차로)로 명명하였다. 이러한 충무동의 지명은 일본인이 물러간 후 일본 천황의 연호를 따서 지은 이름을 일본을 무찌른 이순신 장군의 시호를 딴 이름으로 바꾼 것이다.

○ 토성동 정차장(土城洞 停車場)

구덕로를 따라 가다가 자갈치사거리 부산제2상호저축은행에서 보수로로 우회전하여 충무동 육교를 지나 부평지구대(동구 검정다리길 2) 앞 부평교차로에서 좌회전하여 보이는 한국전력 중부산지점(서구 가치고개길 25) 앞에 정차장이 있었다.

▲ 토성동 정차장터(현 한국전력 중부산지점 앞)

토성동(土城洞)[133]이란 토성이 있었다는 데서 붙여진 이름이다. 이 토성은 옛 아미동 화장장(1957. 12 폐쇄) 부근을 중심으로 아미골 아래쪽에 반월형으

[133] 부산광역시사편찬위원회, 『釜山地名總攬』 제1권, 1995, p.277.

로 축조된 성으로서 현 경남중학교 부근을 통과하며, 성내 면적이 3~4천 평되는 반월성이다. 성의 높이는 4~5척이 되었다는 기록이 있다. 성의 모양이 반월형이라는 사실이 주목된다.

이 성은 1906년 일본거류민단에 의해 설립된 부산고등여학교(**현 부산여자고등학교 전신**)를 현 경남중학교 자리에 신축할 때부터 파괴되기 시작하여 토성초등학교 건물을 비롯한 건물이 차례로 들어서서 지금은 거의 흔적을 찾을 수가 없다.

○ 시립병원앞 정차장(**市立病院前 停車場**)

토성동 한국전력 중부산지점에서 까치고개길을 따라 가다가 경남중학교(**서구 구덕로 81**)에서 우회전하여 지금의 부산대학병원(**서구 구덕로 305**) 앞에 정차장이 있었다.

▲ 시립병원앞 정차장터(현 부산대학병원 앞)

1914년 4월 1일 행정구역 개편에 따라 부산부제(釜山府制)가 실시되면서 거류민단립병원이 부산부립병원[134]으로 개칭되어 현 부산대학병원 자리에 이전하여 광복 이후까지 부산지역 의료계를 주도하는 역할을 하였다.

1917년부터는 처음으로 간호원·산파양성소를 부설하였고, 시설면에 있어서는 1922년 병실의 침대화 변경사업과 1928년 X-ray 장치의 개선으로 1929년 라지우므(방사선 치료기의 일종)를 설치하였고 전염병 환자를 위한 격리병동까지 개축하였다. 1933년에는 직원 유학제도의 설정으로 교육기관으로서 명목을 굳혀 갔다. 광복과 함께 일본으로 물러가는 일본인에게 조례로 양도받아 부산시립의료원으로 이어오다가 시립병원이 부전동으로 이전해가면서 이곳에 부산대학교병원이 이전하여 오늘에 이르고 있다.

○ 재판소앞 정차장(裁判所前 停車場)

부산대학병원 앞에서 구덕로를 따라 KT부산본부를 지나 옛 부산지방검찰청이 있었던 현 동아대학교 부민캠퍼스(서구 구덕로 399) 앞 대청로와 구덕로가 만나는 삼거리에 정차장이 있었다. 일제강점기 때에는 재판소앞과 도청앞의 정차장이 별도로 있었으나 정차장간의 거리가 가까워 도청앞 정차장은 폐지한 것으로 보인다.

▲ 재판소앞 정차장(현 동아대 부민캠퍼스 앞)

134) 부산부, 『釜山釜立病院小史』, 1941 참조.

1907년 대한제국 정부는 사법사무를 독립하여 처음으로 삼심재판제도를 두고 1908년 8월 진주지방재판소 산하 부산구(釜山區) 재판소를 초량에 설치하였다. 1909년 부산구재판소에 진주지방 재판소지부를 설치하고, 1910년 2월부터 사무를 개시하였다.

1907년 7월 구한국정부의 사법감옥사무를 일본에 위임하기로 협약이 되어 총독부재판소가 되면서 구재판소외(區裁判所外) 대구공소원(大邱控訴院) 산하에 부산지방재판소를 설치하고 11월 개청하였다.[135] 1910년 9월 부민정 2정목(부민동 2가)에 청사를 착공하여 12월에 준공해 1911년 1월 신청사로 이전하였다.

1958년 11월 청사가 낡고 비좁아 건물을 철거하고 신청사를 신축하여 1960년 9월부터 신청사에서 업무를 개시하였다. 1983년 도청[136]이 창원으로 이전된 이후 1984년 11월부터 옛 도청건물을 지방법원청사로 사용하다가, 2001년 10월 연제구 거제동으로 이전하였다. 지금은 동아대학교 부민캠퍼스 동아대박물관(부산 임시수도 정부청사, 등록문화재 제41호. 2002. 9. 13 지정)으로 사용하고 있다.

○ 부용동 정차장(芙蓉洞 停車場)

동아대학교 부민캠퍼스 앞에서 부민초등학교를 지나 구덕로와 검정다리길이 만나는 부용동 삼거리에서 좌회전하여 50m 지점에 있는 서부교회(서구 구덕로 548) 앞에 정차장이 있었다. 1925년 4월 경남도청이 진주에서 부산으로 이전해오자 9월 부용동까지 전차선로가 연장되었다.

부용동(芙蓉洞)[137]은 시약산에서 발원하여 서대신동을 지나 부민초등학교 뒷쪽을 돌아 흐르는 냇물과 아미산에서 발원하여 경남중학교 부근을 흐르는 작은 하천들로 인해 마치 시냇물에 둘러싸인 섬처럼 보이는 지대였다. 이와 같은 보수천가의 섬같이 생긴 형태로 원래 행정구역상 부민동에 속

135) 부산직할시사편찬위원회, 『항도부산』 제3호, 1963, p.289.

136) 경남도청은 1925년 4월 1일(실제 업무개시는 4월 25일) 진주에서 부산으로 옮겨왔다. 일제가 내세운 도청 이전의 이유는 부산은 유일한 항만 관문일 뿐 아니라 교통의 중심지이며, 산업·교육·문화 등의 시설이 상당히 발달되어 있었기 때문이다.

137) 부산광역시사편찬위원회, 『釜山地名總攬』 제1권, 1995, p.231.

하던 곳이었지만, 1947년 동명을 개정할 때 부용동으로 고쳤다. 1959년 부민동에 통합되었다가, 1962년 부용동으로 분동되었다, 부민의 부(富)라는 글자와 부를 상징하는 부용화(芙蓉花)를 동시에 고려하여 지은 동명인 듯하다. 이 지역의 고로들에 의하면, 부용화가 많이 피어 있어서 부용동이라고 부르게 되었다고 한다.

▲ 부용동 정차장터(서구 부용동 삼거리 부근)

○ 대신동 정차장(大新洞 停車場)

서부교회에서 구덕로를 따라 동대교차로를 지나 구덕운동장 방면으로 가다보면 국민은행 동대신동지점(서구 구덕로 606) 앞 지하철 1호선 동대신동역 2번 출구 부근에 정차장이 있었다. 정차장 뒤쪽으로는 부산감옥소(지금의 삼익아파트 자리)가 있었다.

▲ 대신동로터리 교통정리(1954년)

▲ 대신동 정차장터(지하철 동대신동 2번 출구 부근)

부산감옥소는 1909년 10월 21일 설치하였다가, 1923년 4월 1일 부산형무소로 개칭하고, 1962년 11월 23일에는 부산교도소로 이름이 바뀌었다. 1973년 12월 23일 사상구 주례동으로 옮겨가면서 부산구치소라는 이름으로 바뀌었다. 이 감옥과는 달리 광복 직후인 1947년 1월 8일에는 동대신동 2가 75번지에 부산소년원이 개원되었다. 1970년 3월 12일 금정구 오륜동 오륜대수원지 인근으로 이전하였다.

대신동(大新洞)[138]의 옛 지명은 '닥밭골(楮田)' 또는 '고분도리'이다. '딱박골' 또는 '딱밭골' 등은 닥밭골을 말하며 닥나무가 많이 나는 골이라는 뜻이다. 또 전하는 바로는 보수천가에 버드나무가 많았다고도 한다. 고분도리란 마을 이름은 '고불', '드르'에서 온 이름으로 보인다.

대신동이란 이름이 처음 생긴 것은 1914년으로 추정되며, 보수천의 호안 공사 이후 일본인이 대거 밀려와서 생긴 새로운 시가지를 한새벌이라 부른 데서 비롯되었다. 한새벌의 '한'은 큰길을 한길이라 하듯이 큰대(大) 또는 태(太), 새는 새로운이라는 뜻의 신(新), 벌은 넓은 땅이라는 뜻을 가진 동(洞) 이므로, 대신동은 한새벌의 한자식 표현이라 할 수 있다.

1926년 서대신정과 동대신정으로 분리되었고, 광복 이후 1947년 일제식 명칭만 바꾸어 서대신동과 동대신동으로 부르게 되었다.

138) 부산광역시사편찬위원회, 『釜山地名總攬』 제1권, 1995, p.233.

○ 운동장 전차종점(運動場 電車終點)

동대교차로에서 구덕운동장 방면으로 구덕로와 망양로가 만나는 지점
에서 좌회전하여, 구덕야구장 맞은편 문화아파트(서구 망양로 1873) 자리가
전차종점으로 주변일대에 차고지가 있었다. 1928년 대신동에 공설운동
장이 생기면서 이곳까지 전차 운행이 연장되고 전차종점과 차고가 들
어서게 되었다.

▲ 운동장 전차종점터(대신동 문화APT 부근)

▲ 운동장 전차종점터 기념표석

부산 시내를 운행하던 모든 전차는 운동장 종점의 전차 차고로 몰려들었
다. 운동장 앞에 모였던 40여 대의 전차는 새벽이면 운동장 종점에서 출발
하였다. 시발점이자 종점으로 이곳에서 전차의 수리도 하였다. 그러다 1968
년 5월 20일 전차운행 폐지와 궤도 철거로 자동차 도로로 바뀐 것이다. 이
곳에는 1972년 2월 부산에서 처음으로 고급 아파트인 문화아파트가 들어섰
다. 서구청에서는 문화아파트 앞에 '전차종점기념비'를 세워 이곳이 전차종
점이었음을 알리고 있다.

이곳은 1920년 6월에는 가끔 마을 체육대회가 열리던 조그마한 동물원 옆

넓은 빈터에 지나지 않았다. 1928년 9월 부산공설운동장(현 서구 서대신동 2가 210)이 개설되었고, 1982년 1월 구덕운동장으로 이름이 바뀌었다.

이곳 운동장은 1940년 11월 23일 부산항일학생의거(소위 노다이사건)[139]의 시발점이 되었던 역사의 현장이기도 하다. 당시 운동장에서 촉발되었던 항일학생의거는 포악한 일제에 항거하여 한민족의 독립정신을 발휘한 학생의거이며, 일제말기 국내에서 전개된 대규모적인 학생운동으로서 우리의 독립정신은 조금도 변함이 없다는 것을 뚜렷하게 밝힌 것이었다. 부산시에서는 2003년 부산항일 학생의거를 기념하기 위해 역사의 현장인 운동장 입구에 기념표석을 설치하여 그날의 항일학생운동의 정신을 기리고 있다.

○ 영도입구 정차장(影島入口 停車場)

옛 시청앞 교차로에서 영도대교를 거처서 영도경찰서 앞에서 약 100m를 지나 도로가 꺾여지는 곡선부근(영도구 태종로 124) 못미처에 정차장이 있었다.

▲ 영도입구 정차장(저 멀리 영도경찰서)

139) 부산직할시사편찬위원회, 『釜山市史』 제1권, 1989, pp.1034~1040.

1938년도에 제작된 「부산안내도」와 1962년도 9월 당시 전차 노선도에는 정차장이 표시되어 있으나, 당시 전차를 타고 다녔던 사람들의 증언에 의하면 실제 이용객이 없어 전차가 정차하지 않았다고 한다.

영도 정차장과 거리가 300m 정도밖에 되지 않는다. 영도선 전차는 1931년 3월 8일 영도대교 건설공사가 착공하여 1934년 11월 23일 준공되자 영도지역의 교통편의를 위해 1935년 2월 부청앞(옛 부산시청)에서 남항동시장 앞까지 복선으로 연장 개통되었던 것이다.

영도대교[140]는 부산 내륙과 영도 사이를 도선을 이용하여 왕래하던 불편을 해소하기 위하여, 1932년 3월에 착공해 1934년 11월에 개통된 부산 최초의 연육교이다. 도개 시 1,000t급 기선의 운항이 가능하도록 건설되었다. 만조 시에도 50t급 이하의 기선이 교량 밑을 자유로이 운항할 수 있도록 하였다.

1934년 11월에 개통된 이 다리는 하루에 7번씩 도개(跳開) 부분이 하늘로 치솟는 신기한 다리로서 개통식날 신기한 이 도개식 다리를 보기 위하여 부산을 비록 인근 김해·밀양 등지에서 6만 인파가 운집한 것으로 전해지고 있다. 당시 부산 인구가 16만 명, 영도 인구가 5만여 명이었던 점을 감안하면 이날 모인 인파는 상상을 초월할 정도였다. 과연 다리가 들어올려질 수 있느냐로 이슈가되었던 움직이는 '마법의 다리' 였다.

영도대교는 우리 민족에게 또 다른 애환을 심어주었던 다리로 기억되기도 한다. 한국전쟁 때는 피난민들이 다리 난간 위에 비친 초생달을 보며 하염없는 망향을 달래기도 하였다. "굳세어라 금순아"라는 대중가요의 유행으로 피난민들의 심금을 울리기도 하였다.[141]

하늘로 치솟는 도개식의 다리는 교통량 증가로 인해 1966년 9월 1일 폐쇄되었다. 영도대교는 부산광역시 기념물 제56호(2006. 11. 25 지정)로 지정되었다. 부산시는 다리의 도개 기능을 복원해 관광자원으로 활용할 예정이다.

140) 川島喜彙, 『新釜山大觀』, 1935, p.38 참조.

141) 부산일보사, 『臨時首都 千日』, 1985 참조.

▲ 영도대교 도개모습

○ 영도 정차장(影島 停車場)

영도경찰서에서 태종로를 따라 가다 보면 인제병원(대교동 2가 62번지) 앞 사거리 못미처서(영도구 태종로 167 부근) 정차장이 있었다. 일제강점 당시 이곳은 행정구역이 부산부 관내인 일본인 거주지역으로 지금도 일본인들의 다다미 주택들을 찾아볼 수 있어 역사의 아이러니를 느끼게 한다.

영도에는 신석기시대부터 사람들이 살기 시작하였으나 임진왜란 이후 무인도로 바뀌었다. 1678년 초량왜관(지금의 용두산 부근) 설치 이후에도 어업 등의 이유로 소수의 주민들이 거주하였고, 1881년 절영도진이 설치되면서 주민의 수가 점차 증가하기 시작하였다.

대교동(大橋洞)[142]은 영도의 관문으로 영도대교 가설 때에는 거의 60%가량은 매축지로 형성되었다. 1914년에 북빈정(北濱町)이라 불리었다. 북빈정은 지금의 자갈치 부근을 남빈이라 하였는 데 반하여 북쪽 바닷가의 마을이라는 뜻이었다. 1934년 영도대교가 개통되면서 대교통(大橋通)이라 불리었으며, 1947년 일본식 동명 개칭 때 대교통 1, 2정목은 대교동 1, 2가로, 육지쪽의 대교통 3, 4, 5정목은 중앙동 5, 6, 7가로 개칭되어 오늘에 이르고 있다.

▲ 영도 정차장터(정면에 보이는 건물이 인제병원)

○ 영도전차 종점(影島電車 終點)[143]

인제병원 앞 사거리에서 우회전하여 절영로를 따라 남항동 2가 방면으로 가다보면 남항동사거리에 전차종점이 있었다. 전차운행 당시 남항동시장 입구 전차종점 매표소(남항동 2가 244-1)터였던 곳에 1991년 영도구청에서 세운 '영도전차종점기념비'가 세워져 있다. 인근에는 '전차 종점'이라고 쓴 버스정류장과 전차종점길이라는 소로가 있다.

142) 부산광역시사편찬위원회, 『釜山地名總攬』 제2권, 1996, pp.20~21.

143) 영도 토박이인 향토사학자 김재승 선생님의 증언에 의하면, 일반적으로 영도선은 서면에서 영도종점까지 운행된 것으로 알고 있으나 영도 전차종점에서 시청앞까지 왔다갔다 하였으며, 통학시간대에는 영도 종점에서 초량까지 운행하기도 하였다고 한다.

▲ 영도전차종점기념비 전면(남항동사거리)

▲ 영도전차종점기념비 뒷면

　　남항동(南港洞)¹⁴⁴⁾의 옛 이름은 석말추(石末湫)였다. 이곳 앞바다에 큰돌이 있었는데 썰물 때는 돌끝[石末]이 조금 보였다가, 밀물 때는 보이지 않은 데서 붙여진 이름이다. 1885년 절영도첨사 임익준(任翊俊)은 '신선이 사는 시내가 있다'는 뜻의 영계(瀛溪)로 바꾸었다. 영도대교 개통으로 바다를 매립한 뒤에는 석견정(汐見町)이라 불리었다. 석견은 '썰물을 본다'라는 뜻인데, 이곳은 남항의 바닷가로 밀물과 썰물을 바로 볼 수 있는 곳이라는 뜻에서 붙여졌다.

참고문헌

1. 『新增東國輿地勝覽(1530)』, 동국문화사, 1958 影印.

2. 黃玹, 『梅泉野錄』, 國史編纂委員會, 1995 影印.

3. 『東萊府誌(1740)』, 여강출판사, 1989 影印.

4. 『承政院日記』, 高宗 19년(1882), 壬午, 8月 23日.

5. 『博物新編』, 1854. 상해 黑海書館에서 漢譯.

6. 京城府, 『京城府史』 第1~3권, 1934.

7. 京城電氣株式會社, 『京城電氣株式會社六十年沿革史』, 1958.

8. 川島喜彙, 『新釜山大觀』, 부산출판협회, 1935.

9. 『釜山市街圖』, 1936(소화 11).

10. 『釜山案內圖』, 1938(소화 13).

11. 국사편찬위원회, 『한국사』 제19권, 1984.

12. 『大韓每日新聞』 1898. 6. 17.

13. 『皇城新聞』 1900(광무 4). 4. 11.

14. 『舊韓國官報』 勅令 第99號, 1896(開國 504) 5月 28日

15. 岡棧三郞, 『日鮮通交史』 近代記, 釜山甲寅會, 1916.

16. 박원표, 『開港九十年』, 태화출판사, 1966.

17. 박원표, 『釜山變遷記』, 태화출판사, 1970.

18. 釜山府, 『釜山府勢要覽』, 1921~1936.

19. 釜山商業會議所, 『釜山要覽』, 1912.

20. 부산시, 『부산의 역사』, 1978.

21. 釜山廣域市史編纂委員會, 『釜山地名總攬』 제1~8권, 1995~2002.

22. 釜山市史編纂委員會, 『釜山略史』, 1968.

23. 釜山直轄市史編纂委員會, 『釜山市史』 제1·3·4권, 1989~1991.

24. 釜山直轄市史編纂委員會, 『港都釜山』 제2·3권, 1963.

25. 부산일보사, 『臨時首都千日』, 1985.

26. 釜山直轄市, 『統計年報』 제1회~제6회, 1962~1967.

27. 釜山直轄市, 『直轄市二十年』, 1984.

28 釜山直轄市 釜山鎭區廳, 『釜山鎭鄕土誌』, 1989.

29. 釜山直轄市 中區, 『中區誌』, 1990.

30. 釜山廣域市, 『부산의 문화재』, 2000.

31. 孫禎睦, 『韓國開港期 都市社會經濟史硏究』, 一志社, 1992.

32. 孫禎睦, 『朝鮮時代都市社會硏究』, 一志社, 1998.

33. (주)동래관광호텔, 『東萊溫川小誌』, 1991.

34. 朝鮮總督府, 『朝鮮總督府統計年報』, 1916.

35. 朝鮮總督府鐵道局, 『朝鮮鐵道史』 제1권, 1929.

36. 朝鮮瓦斯電氣株式會社, 『朝鮮瓦斯電氣株式會社發達史』, 1938.

37. 韓國電力公社, 『韓國電氣百年史』 上 · 下, 1989.

38. 서울特別市史編纂委員會, 『서울交通史』, 2000. 12.

39. 최해군 『釜山 700년 그 영욕의 발자취』 제2권, 1997. 3.

40. 鐵道廳, 『韓國鐵道 100年史』, 1999. 9.

41. 『부산일보』 1950, 1959, 1962, 1968 참조.

42. 『국제신문』 1957, 1958, 1959 참조.

부산의 전차변천 연표

1901. 9. 12	부산전등주식회사 설립
1902. 4. 1	부산전등주식회사 영업개시
1909. 6. 20	부산경편궤도주식회사 설립발기
6. 29	부산진~동래간 경편궤도 부설권 허가
8. 15	부산경편궤도주식회사 창립총회
8. 29	부산경편궤도주식회사 설립등기
	부산경편궤도주식회사 설립등기 완료
8.	부산진~동래간 증기철도 궤도 부설공사 착공
11.	부산진~동래 남문간 궤도공사 준공(4리 19쇄, 약 6.7km)
	※ 1리는 1.6km, 1쇄는 16m
12. 2	부산진~동래 남문간 영업개시[협궤철로(2呎)]
12. 18	동래남문~온천장간(1리 76쇄, 약 2.82km) 궤도공사 준공
12. 19	동래남문~온천장간 영업개시
	부산진~온천장간 완전개통(5리 95쇄, 약 9.56km)
1910. 5. 18	한국와사전기(주) 설립허가
5. 19	한국와사전기(주)에서 부산전등(주) 및 부산경편궤도(주) 매수 가계약 체결
10. 18	한국와사전기주식회사 창립
12. 18	한국와사전기(주), 부산전등(주) 영업권 계승
1911. 10. 26	한국와사전기(주)에서 부산경편궤도(주) 매수(등기완료)
12. 28	한국와사전기(주), 부산경편궤도(주) 영업권 계승
1912. 4. 20	부산진~동래 남문간 경편철도 개량 (2呎→2呎 6吋)
	※ 1呎(피트)은 30.48cm, 1吋(인치)은 2.54cm
7. 11	동래남문~온천장간 경편철도 개량 (2呎→2呎 6吋)
1913. 3. 29	한국와사전기(주)→ 조선와사전기(주)로 개칭
12. 26	시내 전차선로 부설 및 부산진~온천장간 철로개량 허가신청

1915. 1. 20	전차선로 부설과 철로개량 인가와 동시 공사를 착공하여 먼저 부산진~초량간 선로부설 준공하고, 초량~부산우편국간 선로부설 준공
10. 23	부산진~온천장간 철로 개량공사 준공
10. 31	부산진~온천장간 8哩(12.8km) 완전개통
11. 1	부산진~온천장간 영업개시[본격적인 전차사업 시작(증기기관차와 노면전차 병행운행]
1916. 3.	전차로 완전히 교체 운행
1916. 9. 22	대청정선(대청동선) 개통(부산역~우편국~대청정~보수정~부평시장~토성동)
1917. 12. 19	장수통선(광복동선) 개통(부산우편국~광복동~토성동)(12. 18 시운전)
1917년 말	전차선로 총 연장 19.5km
1924. 9.	부산진~부산역간 복선화
1924년 말	전차선로 총 연장 19.749km
1925. 9.	보수정2정목~도청(구 검찰청)~중도정(부용동)간 선로(단선) 연장 개통
1926 상반기	철로 개량 및 철교가설(木橋→鐵橋)
1927. 2. 2	소형전차 → 반강철제 완전 교체
10.	온천장종점역 신축 및 인입선 선로공사 준공
1928. 6.	대신정선(대신동선) 선로공사 착공(부용동~공설운동장)
9.	대신정선(대신동선) 선로연장 개통
1931. 10.	全궤도 표준궤도로 개량(2哩 6吋 → 3哩 6吋)
1933. 8. 9	범일정선(범일동선, 부산진입구~좌천정~범일정) 선로연장 개통
1934. 7.	부평동시장통 선로 폐지(보수동2정목~부성교)
9.	토성동~공설운동장 복선화(토성정~병원앞~도청간 신설)
11.	부산진~공설운동장간 복선개통(장수통선, 대청정선 제외)
1934년 말	시내 간선로 복선화 및 도로 포설공사 완료
1935. 2.	목도선(영도선, 대교동~영도대교~남항동시장) 선로(복선) 연장개통

3.	전차선로 총 연장 21.715km
1937. 3. 10	남선합동전기주식회사로 합병[조선와사(주), 대흥전기(주) 등 서울 이남 6개 전기회사 통합]
1944~1945년	소화통선(충무동선) 선로 신설(부청앞~남빈정~소화통)
	장수통선(광복동선) 선로 폐지
1945년	동래선 일부 침목교체 및 개보수공사
1946. 5. 29	남선전기주식회사 탄생[성남전기(주)를 합병]
1950. 7. 5	일시 중단되었던 대청동선 전차운행 재개
1952. 6. 19	ICA 원조자금으로 미국산 전차 40대 도입하여 부산에 20대 배정(7. 3 인수)
1953년	대청동선은 1952년까지 운행되다가 1953년부터 운행이 중단된 것으로 보임(고로 증언)
1955. 6.	ICA 원자금으로 미국산 전차 구입 승인
1955. 6.10~12.28	53대 도입하여 부산 남선전기(주)에 19대 배정
1957년부터	3개노선 운행(서면~운동장, 서면~영도, 서면~온천장)
1958. 5. 6	서면~운동장간 전차 5대 증차
1959. 6~7.	대청동선 선로 철거
1961. 7. 1	한국전력주식회사로 통합(조선전업, 경성전기, 남선전기)
1962년	서면 차고앞 단선 신설
1963년	서면~충무동간 전차노선 새롭게 개통 운행
	서면~신좌수영간 복선화 준공
	동래선 일부 침목교체 및 선로 개·보수 실시
5. 30	일본산 신차도입 10대 중 부산에 2대 배정
1964년	2차년도 궤도보수공사 실시
1966년	서면~충무동간 운행노선 폐지
1966년 이후	한국전력(주)에서는 전차사업을 부산시 이관을 시도하였으나 협의 자체가 성

	립 되지 못함
1968년 초	한국전력(주) 제51차 이사회 결의로 궤도사업 폐지 결정
5. 17	전차철거에 대한 부산시장 담화발표
5. 19	부산의 전차 마지막 운행
5. 20	전차는 완전히 자취를 감춤(이후 선로 철거)
1969. 2. 23	부산시내를 운행했던 철거전차 동아대학교 박물관에 기증
1971. 3. 2	시청앞~구덕운동장간 전차길 포장 완공

부산의 주요 연표

1876. 2. 26	丙子修好條規(일명 강화도조약) 체결(부산항 근대국제 무역항으로 개항)
4. 4	수신사 김기수 일행 한양출발(4. 26 부산항 도착)
4. 29	수신사 김기수 일행 일본기선 타고 부산항 출발(윤5. 7 수신사 일행 부산항 도착)
6.	부산에 사설 제일은행 설치
7. 6	「朝日修好條規附錄」 및 「朝日貿易章程」 조인
10. 25	일본외무성 近藤眞鋤, 부산관리관으로 부임
11.	부산 일본영사관내 일본재외우체국 설치
	일본우편선 나니와마루호 부산항 입항
12. 17	동래부사 洪祐昌, 일본국관리관 近藤眞鋤간 「釜山港日本人居留地界條約」 조인 (종전 초량왜관 지역이 日本人專管居留地가 됨)
1877. 2. 10	일본인 경영의 부산재생병원 매월 15일 종두실시 고시
2. 25	초량왜관 수설문 폐지
5. 23	동래부사 홍우창, 일본국관리관 近藤眞鋤 사이에 일본으로 표류한 조선선박 취급에 관한 辯理漂 流船隻章程 조인
1878. 6. 21	일본 국립 제일은행 부산지점 설치
8. 10	부산항 출입화물의 과세 징수를 위해 세목과 통행규칙 결정
8.	일본인 부산상업회의소 설립
9. 3	조선정부, 두모포에 해관 설치
9. 14	일본관리관, 부산해관 설치가 강화도조약에 위배된다고 동래부에 철폐요구
11. 6	일본대리공사 花房義質, 부산에 와 관세징수를 항의하는 무력시위
11. 26	부산 두모포 해관을 폐지하고 수세중지 요구(일명 부산해관수세사건)
12. 2	조선정부, 관세징수를 일시 중단키로 결정
12. 4	일본정부 대리공사가 부산 일본관리관에게 해관철폐 요구(동래부사 거절)
12. 19	부산해관 폐쇄
1879. 3. 1	일본관리관청사 本町(현 동광동) 착공[부산 최초 서양식 건물(9. 6 준공)]

<table>
<tr><td></td><td>3. 25</td><td>일본군관 60여 명 동래부청 습격사건 발생</td></tr>
<tr><td></td><td>5. 3</td><td>동래부사 尹致和, 대일교섭 책임 물어 파면</td></tr>
<tr><td></td><td>5.</td><td>동래부 전역에 콜레라 창궐</td></tr>
<tr><td></td><td>10.</td><td>지석영 부산 재생병원에서 종두법 기술 습득</td></tr>
<tr><td>1880. 2.</td><td></td><td>일본거류민관리관청→부산영사관으로 명칭변경</td></tr>
<tr><td></td><td>3. 26</td><td>미 해군제독 슈펠트 군함을 이끌고 수호조약 체결 위해 부산항 입항</td></tr>
<tr><td></td><td>3. 27</td><td>동래부사, 일본영사 통해 제출한 미국 서계 접수 거절</td></tr>
<tr><td></td><td>4.</td><td>부산영사관에 일본경찰서 설치(현 동광동)</td></tr>
<tr><td></td><td>5. 9</td><td>프랑스 군함 1척 부산항 입항 통상요구(동래부사 거절)</td></tr>
<tr><td></td><td>6. 25</td><td>지석영(池錫永) 종두·두적(痘苗) 제조법 배우기 위해 수신사 김홍집 일행을 따라 도일(8. 11 수신사 김홍집 일해 부산도착)</td></tr>
<tr><td>1881. 2. 21</td><td></td><td>절영도첨사영 設鎭(포이포진, 서평포진, 개운 포진은 폐진)</td></tr>
<tr><td></td><td>4. 10</td><td>신사유람단 부산항 출발</td></tr>
<tr><td></td><td>8. 7</td><td>수신사 趙秉鎬 종사관 등 부산항 출발</td></tr>
<tr><td></td><td>10. 19</td><td>일본상인들 부산에서 旬刊『朝鮮新報』발행</td></tr>
<tr><td>1882. 2.</td><td></td><td>琉球(현 오키나와)商社, 부산에 와서 교역 요구(동래부사 거절)</td></tr>
<tr><td></td><td>4. 6</td><td>조·미수호조약 조인</td></tr>
<tr><td></td><td>4. 30</td><td>부산일본영사대리, 정부의 소가죽 매점에 대해 동래부에 항의</td></tr>
<tr><td></td><td>5. 15</td><td>조·독수호조약 조인</td></tr>
<tr><td></td><td>8. 9</td><td>일본특사 수신사 박영효 일행 부산출발(최초로 태극기 사용)</td></tr>
<tr><td></td><td>8. 23</td><td>조·청상민수륙장정 조인</td></tr>
<tr><td>1883. 1. 24</td><td></td><td>釜山~長崎간 한일해저전선부설조약 체결</td></tr>
<tr><td></td><td>1. 27</td><td>태극기 국기로 제정, 전국반포</td></tr>
<tr><td></td><td>5. 11</td><td>동래에서 민란이 일어나 수백 명이 관아습격해 죄수 방면하는 사건 발생</td></tr>
<tr><td></td><td>8. 19</td><td>3개 항구(부산, 인천, 원산)에 해관 사무를 위하여 감리(監理)를 둠</td></tr>
</table>

9. 8	3개 항구(부산, 인천, 원산)의 해관세 수세업무를 일본제일은행 각 지점에 위탁
9. 16	부산~장기간 해전전선가설공사 착공
	영국정부 영선산 일대 영사관 부지 조차
11. 3	부산해관 개설(현 부산경남본부세관 자리)
1884. 1. 4	일본제일은행과 개항장 해관세 취급약정 조인
2. 2	부산~일본간 해저전선 가설 완공
2. 28	부산~장기간 해저전선 개통
2.	부산항 출입 일본선박의 출입수칙 제정
5. 4	부산 해전전선 보호조치 제정 공포
5. 7	부산영사관 건물 착공[1910~1936 부산부청사로 사용] 1884. 10. 3 준공]
5. 8	청국상무공사 부산분서 설치(현재 초량동 화교학교 자리)
5.	부산일본전신분국 전보 무료송수신 개시
윤5. 4	조 · 불수호통상조약 조인
윤5. 15	조 · 러수호통상조약 조인
6.	부산일본전신분국 기상기계 설치 기상관측 시작
10.	동래 · 부산지역에 쌀 판매 거절사건 발생
1885. 4.	일본거류민단이 共生病院 설립(濟生病院 전신, 1914년 부산부립병원으로 바뀜)
5. 1	부산감리서 폐지
8. 7	일본, 부산 절영도에 일본해군 저탄창고 기지조차 조약 초안제기
11. 10	부산에 일본재판소 설치
11. 11	조 · 일해전선 조관속약 조인(11. 16 체결)
1886. 10. 1	한성~부산간 전기가설공사 착공
10. 19	부산일본영사 室田義文 부임
1887. 3. 5	일본임시 대리공사, 부산 등지의 소가죽세, 방곡령 해제요청
3. 25	조선정부와 청국간 부산~한성간로 전신설정 체결

	3.	경상감사, 부산 등지에 都庫방지 위해 방곡령 실시
	6. 1	전보국 동래분국 신설
	11. 28	부산일본영사, 곡물수출금지령 철폐를 조선 정부에 요구
1888.	1. 31	부산 절영도에 일본해군 저탄소 조차 조인(4,900평)
	2. 18	영국의 기술자 감독아래 부산~경성간 전선 가설
	4. 29	부산해관부지 확장 매축공사 준공(1887년 착공)
	8. 7	부산감리서 재차 설치(현 봉래초등학교 자리)
1889.	1.	호주 선교사 데이비스 목사 전도소 창설
	7. 19	부산객주상업회의소 설립
	10. 20	조 · 일통어장정 조인
1890.	3.	부산항 25객주분읍제 실시하여 매매주선독점권을 주는 25객주제 허가
	6. 10	개항장의 객주 · 거간규칙 일본의 반대로 철폐
1891.	3. 23	부산주재 일본영사 中川恒次郎 부임
1892.	7.	일본 제58은행 부산지점 설치
	8. 25	영국인 브라운을 해관총세무사에 임명
	8.	복병산에 일본인묘지조성에 관한 조 · 일간 계약 체결
1893.	6. 10	부산감리 민영동 일본상인 절영도에 가건물 설치한 사건으로 문책
	7. 10	부산항 檢官에 박기종 임명
	8. 25	최초로 전화기 도입
	10. 24	부산항과 원산항에 방곡령 실시
1894.	2. 4	부산과 원산항 방곡령 해제
	6. 23	청 · 일전쟁 일어남
	6.	보수천 상류 저수지 및 자연여과 시설 축조 착공(1895. 1 준공)
1895.	5. 1	칙령 제98호(1895. 5. 26 공포), 전국을 23부 331군으로 행정구역 개편[동래부 (관찰사, 동래군 등 10개 군 관할) 설치]

	5. 15	부산 개항장 재판소 설치
	5. 22	부산 최초 근대학교 부산개성학교(현 부산개성고 전신) 설립(발기인 박기종)
	5. 24	외무대신 각국 공사에게 절영도 조차 불허통보
	5.	부산·인천·원산항의 경무관 감축에 관한 건 반포
윤5. 1		부산·원산·인천 감리서 폐지
윤5. 26		부산·인천·원산항의 감리서 폐지에 관한 건 반포
	7.	3도통제영(三道統制營), 兵·水營 폐지(경상좌도 수군절도사영 폐지)
	10. 15	부산진 사립일신여학교(동래여중·고 전신) 설립
	11. 15	연호 개정, 개국 505년을 建陽元年으로 함(1896. 1. 1부터 사용)
1896. 1. 1		태양력 사용
	5. 1	개항장 경무서 설치
	5.	러시아군함 부산항 정박 중 예포 31발 발포로 일본 군함과 암투 벌임
	8. 4	칙령 제36호(1896. 8. 4 공포), 전국을 13도 7부 1목 341군으로 행정구역 개편 (경상남도 동래부로 개편)
	8. 7	각 개항장에 감리를 復設하는 관제와 규칙 공포
	8.	동래감리서 설치(부산항 외교권 지휘, 감독)
	11.	러시아함대 부산항 절영도 상륙(조계 조차 요구)
1897. 8.		국호를 대한제국, 연호를 광무(光武) 공포
	9.	구관(두모포왜관)에 '辨察所' 설치하여 경찰업무 담당
	10.	러시아, 부산 절영도에 석탄저장소 설치하려다 각국 공사 항의로 실패
1898. 2. 25		부산 절영도 조차를 러시아에 허가
1899. 5. 12		상무회의소를 부산상무회사로 개칭
	5. 23	일본부산영사관 분관 마산포에 개관
	9. 8	경부선 철도부설권 일본인에 허가
1901. 5. 30		부산~창원간 전선개통

6. 27	박기종 · 김석규 등 '영호지선철도회사' 설립
7. 9	제1차 북빈(현 중앙동)매축공사 착공(1905년 12월 준공)
8. 20	경부선 철도공사 초량에서 기공식
9. 12	부산전등(주) 설립
10.	경부선 철도 착공(초량~구포)
1902. 4. 1	부산전등(주) 영업개시
1903. 3.	부산거류 일본인의 발기로 철도운수회사 설립
7. 3	칙령 제10호(1903. 7. 3 공포)로 지방제도 개편(동래부를 동래군으로 개칭)
1904. 2. 9	부산항 정박 중인 러시아 만주 동청철도소속 상선이 일본군함에 의해 나포됨
2. 10	러 · 일전쟁 일어남
3.	부산 측우소가 일본 기상대 임시측우소로 발족
4.	부산~초량간 전화개통
11. 10	경부선 철도 완공(초량~영등포)
1905. 1. 1	경부선 철도 한성~초량간 전구간 영업개시
5. 23	부산잔교 설치공사 착공
5. 28	경부선 철도 개통식 거행
5.	영선산착평공사 착공(1912. 8 준공)
9. 11	부산~하관 사이 부관연락선 壹岐丸, 對馬丸 취항
12. 20	일본정부, 한국통감부 및 이사청관제 반포
12. 31	부산측우소 준공(현 대청동 부산지방기상청)
1906. 2. 1	부산이사청 설치
3. 2	부산항 거주 박영길 등의 발기로 초량사립학교 설립
3.	일본이사청이 영사관 업무 인수
4. 20	부산에서 한일박람회 개최
4.	부산공립고등여학교 개교(부산여고 전신)

7. 1	부산해관 공사 착공(1912. 3. 31 준공)
9. 24	칙령 제49호(1906. 9. 24 공포)로 지방행정구역 조정[양산군의 좌면(左面)이 동래부로 편입됨]
9.	일본정부, 의병장 최익현을 대마도에 유배 감금
10. 1	칙령 제48호(1906. 9. 24 공포)로 행정구역 명칭 개편(동래군를 동래부로 승격)
	칙령 제47호(1906. 9. 24 공포) 외교 · 통상 업무를 담당하던 감리서가 폐지되고 그 사무를 동래부(부윤) 인수
10.	부산잔교 설치공사 준공
11. 17	의병장 최익현 대마도에서 사망 유해 부산항 도착
11.	우리나라 최초로 전국적인 호구조사 실시
1907. 1. 1	『부산일보』 창간
3.	경부선 기점 초량역을 지금의 중앙동으로 연장하여 부산 본역으로 삼음
	동래부 국채보상일심회 설립
4.	제2차 북빈(중앙동)매축공사 착공(1909. 8 준공)
6.	부산 부두노동자 동맹파업
11. 5	동명학교(현 동래고등학교 전신) 설립
1908. 4.	성지곡 수원지 축조공사 착공
8. 18	동래상업회의소 발족
9.	부산재판소 설치
1909. 1.	동양척식주식회사 영업개시
5. 1	영선산 착평공사 착공(1912. 8 준공)
6. 20	부산경편궤도주식회사 설립발기
6. 29	부산~동래간 경편궤도 부설권 허가
8. 15	부산궤도주식회사 창립총회 개최
8. 29	부산궤도주식회사 설립 등기 완료

8월 말	부산진~동래간 증기철도 궤도부설공사 착공
10.	백산 안희제·김갑 등이 중심이 된 '대동청년단' 결성
11월 말	부산진~동래 남문간 궤도공사 준공
12. 1	부산~시모노세키간 연락선 취항
12. 2	부산진~동래 남문간 영업개시(증기기관차)
12. 18	동래 남문~온천장간 궤도공사 준공
12. 19	동래 남문~온천장간 영업개시
1910. 3. 11	부산진 일신여학교 학생의거
3. 30	미선교사 어빈, 부산 나환자병원 개설
4. 14	탁지부 부산제빙소, 일본인 수산회사에 양도결정
4. 18	한국은행 부산출장소 개설
5. 18	한국와사전기주식회사 설립허가
5. 19	한국와사전기(주)에 부산부내와 부산진간 전기철도부설 허가
5. 25	부산우체국 준공(1953. 11. 27 역전대화재로 소실)
6.	우리나라 최초의 공설시장 부평시장 개장
8. 29	일제 한반도 강제 병합(경술국치)
9. 25	부산에 상수도 개통(성지곡 수원지 완공)
10. 1	총독부령 제7호(10. 1 공포)로 행정구역 개편, 동래부를 부산부 개칭[부산이사청(1905. 12 설치) 폐지]
10. 31	부산본역 驛舍 준공(1953. 11. 27 역전대화재로 소실)
11.	부산세관 건물 준공(1976 철거)
1911. 1.	부산항 해륙간 연락설비공사 착공
5. 3	부산진보통학교(현 부산진초등학교) 개교
8.	한국은행 부산지점 조선은행으로 개칭
1912. 3. 31	제1잔교 부두 및 신선대 검역소 건설

4. 20	부산진~동래남문간 경편철도로 개량
6. 15	부산~장춘간 직통열차 운행개시
6. 23	우리나라 최초 지방은행인 구포은행 설립(1915. 1. 24 경남은행으로 개칭)
7. 11	동래남문~온천장간 경편철도 개량
7. 15	부산철도호텔 개업
1913. 1. 31	부관연락선 고려환 취항
3. 6	부산상업은행(주) 설립(1936. 6 조선상업은행에 병합)
4. 21	부산상업은행 업무개시
6.	부산진 제1차 매축공사 착공(1917. 2 준공)
10. 30	부제(府制) 공포(일본인거류민단법 및 거류지제도 폐지)
12. 26	시내 전차선로 부설 및 부산진~온천장간 철로개량 허가 신청
1914. 4. 1	총독부령 제111호(1913. 12. 29 공포)로 행정구역 개편(부산부를 부산부와 동래군으로 행정구역 조정)
9.	부산진공설시장 개장
1915. 1. 20	전차선로 부설과 철로개량 인가와 동시 공사를 착공하여 먼저 부산진~초량간 선로 부설, 초량~부산우편국간 선로 부설
10. 31	부산역~동래 온천장간 전차개통
11. 1	부산역~동래 온천장간 영업개시
11. 26	부산일보사 화재로 전소
1916. 3.	부산진 우(牛)시장 개장
4.	용두산 일대 공원조성
6. 3	부산상업회의소 설립인가
9. 19	부산진 항민(港民)봉기 발생
9. 22	대청정선(부산역~우편국~대청정~보수정~부평시장~토성동) 전차개통
10.	부산 · 인천 등 주요도시에 시내화물취급소 설치

1917. 9.	부산역~부산진간 전차 복선화
11. 1	부산~안동간 직통열차 봉천까지 연장운행
11.	부산에 일본 조선방직주식회사 설립
12. 19	장수통선(부산우편국~광복동~토성동) 전차개통
12.	부산진 제1차 매축공사 준공
1918 3.	조선총독부, 수역(獸疫)혈청제조소 신설
12.	부산항 제1기 해륙간 연락설비공사 준공
1919. 1. 14	백산무역주식회사 설립
1.	부산항 제2기 해륙간 연락설비고사 착공
3. 1	기미 3 · 1독립만세운동 거국적으로 일어남
3. 11	부산진 일신여학교 3 · 1의거 일어남
3. 13	동래고등보통학교 3 · 1의거 일어남
3. 17	범어사 학생 3 · 1의거 일어남
3. 27	구포장터 3 · 1의거 일어남
4. 1	부산가스전기(주)의 차장, 운전수 600여 명 파업
4. 5	기장장날 3 · 1의거 일어남
4. 8	장안장날 3 · 1의거 일어남
4. 11	일광면 좌천리에 3 · 1의거 일어남
4. 13	상해 임시정부 수립 국내외 선포
4. 20	부산전차 운전수, 차장 50여 명 파업
4. 30	부산와사전기주식회사 직공 61명 동맹파업
11.	기미육영회 결성
1920. 1.	동래지역 최초 청년단체 '동래청년구락부' 결성
9. 14	박재혁 의사 부산경찰서 폭탄투척
1921. 4. 25	부산유지 100여 명 조선교육개선 기성회 조직(조선인 교육에 맹종주의와 식

민지교육주의 철폐 등 진정)

8. 12	부산석탄운반노동자 100여 명 임금인상 요구
8. 16	부산부두노동자 1,000여 명 파업
9. 12	부산부두석탄운반 노동자 1,000여 명 임금인상 탄원서 각 관계회사에 제출
9. 21	부산부두노동자 석탄 운반부 1,000여 명 노동자 임금인상 요구파업
9. 26	부산 부두노동자 5,000여 명 인상임금 요구총파업
11.	동양척식주식회사 부산지점 설치
1922. 3. 1	부산방적회사 직공 500여 명 임금인상 총파업
4. 1	부산의용단(김영조, 박갑선, 백덕술 등) 조직
4. 11	부산예수교, 김영조, 박갑선 외 7명, 여신도 박덕술 외 3명 비밀결사의용단 조직혐의로 검거
4.	부산~원산간 직통 기선항로 개통
11. 8	동래군 어민 300여 명, 기장어업조합 횡포로 군수에게 5개 항의 탄원서 제출
1923. 1.	동래청년회, 불교청년회, 여성청년회, 조선물산장려회 조직
2. 5	부산지역 30여 단체 대표자 및 유지가 우리물산장려회 조직
2. 6	부산진공립상업학교 1, 2년생 70명 졸업기한 연장, 학교명 변경 요구 동맹휴학
6. 20	영도에 수산시험장(현 국립 수산과학원) 개설
8. 1	부산방직공장 노동자 노동조건 개선요구 파업
9. 15	최천택 등 4명 일본관동 대지진에 축배들고 배일 언동혐의로 연행
1924. 2. 10	조선형평사 전국대회 부산서 개최
5. 5	부산공업보습학교 설립인가
8. 23	부산소년군본부가 초량에 설치
9. 10	부산소년척후대 조직
9.	부산역~부산진간 전차 복선화
1925. 1. 18	부산인쇄공업조합 9시간 노동제, 야업폐지, 임금인상 요구

	4. 1	경상남도청 진주에서 부산으로 이전
	9.	보수동~경남도청~부용동간 전차선로 연장 개통
	11. 22	부산인쇄직공 200여 명 임금·대우문제로 파업
	12. 13	부산인쇄직공청년회 결성
1926.	6.	절영도 대풍포 매축공사 준공
	8.	경남도지사관사(현 임시수도기념관) 준공
		부산진 제2, 3차 매축공사 착공(1932. 12 준공)
		제1차 남빈매축(현 자갈치시장) 공사 착공(1931. 5 준공)
1927.	2. 2	소형전차를 반강철제로 완전 교체
	3. 20	부산 조선기자단 간담회 개최
	7. 9	동래고보, 학생처우 개선 요구 동맹휴업
	7. 30	신간회 부산지회 창립
	7. 31	부산청년회, 임시총회 개최
	7.	부산상업은행 마산지점 개업
	9. 16	부산 용당포 앞바다서 어선 전복, 50명 익사
	10월 말	온천장 종점역 신축 및 인입선 선로공사 준공
	12. 4	부산청년동맹 창립
1928.	3.	부산공회당 준공(1953.11. 27 부산역대화재 소실)
	6. 16	근우회 부산지회 창립
	6.	부용동~공설운동장간 전차선로 공사 착공
	9.	부용동~공설운동장간 전차선로 연장 개통
		부산 공설운동장 개설(지금의 구덕운동장)
	11. 11	부산항 북빈연안무역 설비공사 착공
	12.	부산항 제2기 해륙간 해안설비공사 착공
1929.	1.	아미동에 화장장 신설

3. 13	동래, 동명고보 2,000여 명 시위
4. 7	부산청년동맹, 정기대회 개최(집행위원장 金鳳翰)
4. 8	부산조선직공조합원 임금 인상요구 총파업
5. 12	부산 각 노동단체 대표들, 釜山노동조합연맹 창립준비회 개최
	釜山 수도인쇄소 직공 30여 명, 1일 12시간 노동요구 파업
6. 29	동래고보, 일신여고 보통학교생, 동맹휴학
7. 14	동래농민조합, 창립대회 개최
7. 20	부산 고무신제조공장 여공 450명, 임금인하 반대 동맹파업
7. 30	동래청년동맹 동래지부 주최 웅변대회, 경찰에 의해 저지당함
8. 10	동래청년동맹, 3기 1회 확대위원회 개최하고 집행위원장에 韓一徹 선임
8. 27	동래청년동맹 동래지부, 제3회 정기총회 개최
9. 23	부산경찰서 폭탄 투척한 박재혁 의사 무기형 받고 단식으로 순국
9. 29	동양척식주식회사 부산지점 건물 신축 준공(현 대청동 부산근대역사관)
10. 23	부산부 草粱町 三重浴巾공장 직공 40명, 임금 감하 반대 동맹파업.
	부산청년동맹 부산진지부 설치대회 개최
1930. 1. 10	부산 조선방직(주) 남여직공 2,200명, 파업단행, 부산 조선방직회사 파업단 성명서 발표
1. 12	부산 조선방적공장 남녀직공 2,270명, 임금인상, 시간 단축, 대우개선 요구
1. 14	조선방직 파업노동자 간부 5명 등 10여 명 석방
1. 15	부산 상업실천여학교생, 학생운동과 관련 4개 항의 요구조건 제시하고 맹휴
1. 17	조선방직 회사 측, 일방적으로 작업개시 선언
1. 18	동래고등보통학교 2년생, 맹휴단행
1. 19	조선방직회사, 파업 주도자 60여 명 해고
1. 30	부산방직 총파업, 작업 재개로 실패
2.	남빈수축공사 착공

	9. 13	구포대교(현 구포다리) 건설 착공
	10.	부산시내 전차 전궤도 표준궤도로 개량
	11. 25	부산상업회의소 발족
		아미동 화장장 설치
	11. 29	동래면이 동래읍으로 승격
1931.	2. 23	부산진보통학교 6년생 5명, 학교당국에 대해 8개조 항의
	3. 20	부산고무공장 직공 50명, 임금감하 반대동맹파업
	4. 1	부산부 협의회의원 민선 실시(정원 24명, 임기 3년)
	5.	부산 축항합자회사가 남부민동 방파제공사 준공
	7. 18	부산 中村양말공장 직공들, 임금감하 반대
	8.	영도대교 선류장 및 남항방사제 착공
	9. 30	북빈 연안무역설비공사 준공
1932.	1. 20	부산격문사건 관련자 11명, 출판법 및 치안유지법 위반으로 송치
	3. 8	영도대교 착공(당시의 명칭은 부산대교)
	5. 10	경남 동래노동조합, 확대위원회에서 위원개선
	5. 22	부산 喜聲고무공장 직공 80여 명, 임금인상 요구 동맹파업
	12.	부산진 제2차 매축공사 준공
1933.	3. 7	구포대교(현 구포다리) 준공 개통(2008년 철거완료)
	3. 31	법기 및 청룡동 범어사수원지 준공(1927. 3 착공)
	8. 2	부산 제2상업교생 7명, 비밀결사 관련 혐의로 피검
	8. 9	부산진입구~좌천정~범일정간 연장개통
	10. 17	부산 태화고무공장 직공 130여 명, 임금인하 반대 파업
	10. 18	부산 일영고무공장 직공 280명, 능암고무공장 직공 부산 大和·日榮·菱岩 등 고무공장 여공, 임금 감하로 동맹파업
	10. 20	부산 喜聲·栗田고무공장 노동자 동맹파업 단행

10. 26	부산 일영고무공장 파업노동자, 회사에 진입 해 시위
10. 29	부산 환태고무공장 직공, 他고무공장 동맹파업
11. 30	부산신탁영업을 조선신탁에 양도
1934. 3. 23	부산부청사(구 부산시청사) 착공
4. 14	부산곡물상조합, 부산미곡취인소 연합총회 개최
4. 19	부산 菱벼고무공장 직공 78명, 임금인하에 반대 동맹파업
4. 20	부산세무서 설치(부산부 · 동래군 · 양산군 구역관할)
4.	적기만 매축공사 착공
7.	부평동시장 전차선로 폐지(보수동2정목~부성교)
9.	토성동~공설운동장간 전차 복선화
11. 1	부산~장춘간 직통열차 운행 개시
11. 23	영도대교(당시에는 부산대교) 준공 개통
11.	부산 삼화고무공장, 파업단행
	부산진~공설운동장간 전차선로 복선화
1935. 2.	목도(영도)선(대교동~영도대교~남항동시장) 선로(복선) 연장개통
3. 2	부산 직물공장 직공 100여 명과 동래 서면 丸新絹布공장 직공 50여 명이 임금 인상 요구파업 단행, 주모자 12명 부산경찰서에 피검
5. 15	부산로터리클럽 창립
6. 15	부산 중앙도매시장 개장
8. 2	부산삼화고무 노동자 780여 명 파업
8. 27	부산 삼화고무공장 남공 80명, 임금인상 요구 총파업
8. 31	부산 삼화고무 제1공장, 파업여공 500명 해고
9. 1	조선시가지계획령 시행규칙 개정(府令 105號)
9. 21	사단법인 조선방송협회 산하 부산연주소 개소(출력250W, 주파수 1,030KHz)
10. 20	부산체육회, 부산공회당에서 창립총회 개최

	11. 17	부산에서 전선공업자대회 개최
	12. 20	대저면 소작인 501명 소작료 인상 반대쟁의
1936.	1.	부산항 제3기 해륙간 연락설비공사 착공
	3. 31	부산부청사 준공(구 부산광역시청사)
	4. 1	제1차 행정구역 개편[부령 제8호(1936. 2. 14 공포)]
		동래군 서면, 사하면 암남리 편입, 부산부 직속 부산진출장소 설치
	4. 10	부산부청 출입 일간신문 기자, 기자단 조직
	4.	적기만 매축공사 준공
	5. 17	부산체육회 주최 부산상공운동회 개최
	10.	부관연락선 금강호(7,105t), 홍안호(7,103t) 취항
1937.	1. 1	부산공설운동장 신설(현 구덕종합운동장)
	1. 12	부산 부두노동자 300여 명 임금인상 요구 파업
	1. 29	부산 조선방직공장 직공 3,000여 명 임금인상 요구 파업
	1. 30	澤山兄弟商會 인부 150명 인상요구 파업
	2. 23	문현동 山土채취장 인부 1,200명 임금인상 요구 파업
	2.	부산매립공사장, 인부 1,300여 명 파업
	3. 5	부산에 남선고무동업조합 설립
	4. 1	부산·인천·청진·원산에 총독부 수산제품검사소
	5. 1	북부산 경찰서 설치
		부산, 진남포·대구 각 조합은행의 송금위체 수수료 협정실시
		각 도 조선시가지계획령 시행세칙 제정
	7. 27	중·일전쟁 일어남
1938	2. 26	조선육군지원병령 공포
	2.	제2차 남빈(현 자갈치시장) 매축공사 준공
	3. 14	부산 일선친애회 비합법운동원 金泰植·朴學守·韓東述, 일본 富山縣서 검거

5. 10	일본 국가총동원령의 조선적용 공포
6. 8	경남 동래 住友鑛山 광부 150명, 임금인상 요구 총파업
7. 14	일경, 동래군 정관면 용주리에서 소작쟁의 중인 작인 구타
7.	부산 성냥공장 노동자 150여 명, 태업
8. 3	부산상공회의소, 중소상공업 구제 등 구체안 결정
8. 12	부산~북경간 직통열차, 운전개시 발표(10. 1부터 운행)
12. 19	일제, 국가총동원법을 조선에도 전면적으로 실시 결정
1939. 1. 29	부산 조선방직 직공 300여 명 임금인상 요구 파업
2.	부산남빈 매축공사 준공
5. 21	전국 부 · 읍 · 면의원 선거실시
11. 10	조선민사령 공포(1940. 2. 11 창씨개명 시작)
1940. 6. 2	식량배급제 실시
8. 1	부산로타리구락부 해산결의
11. 23	부산학생운동 일어남(소위 노다이 사건)
11. 30	부산지방체신국 설치
12. 1	경성 · 부산 · 함흥에 지방철도국 개국
이해	일본육군, 수영비행장 개설
1941. 3. 15	총독부, 학생정신대 조직(근로동원 실시)
4. 1	부전리시장(현 부전시장) 개장
5. 10	도의원선거 전국에서 실시
5. 15	부산고등 수산학교(현 부경대 전신) 개교
12. 9	임시정부, 대일선전포고
12.	부산항 3부두 축조
1942. 4. 7	일제, 육군지원병 징병검사 시작
5. 8	일본각의, 징병제를 한국에서 실시키로 결정

	6. 15	범어사 소재 3층석탑 보물 제250호 지정
	10. 1	제2차 행정구역 개편[부령 제242호(1942. 9. 30 공포)]
		동래군 동래읍 일원과 사하·남면 일원, 북면 금곡리, 장전리 편입, 4개 출장소(동래·사하·수영·부산진) 설치
	12. 1	부산지방 철도국 개국
1943.	3. 1	한국인 징병제 공포(8. 1부터 시행)
	6. 3	총독부, 해군지원병 모집요강 발표
	8. 3	백산 안희제 선생 별세
	10. 5	관부연락선 崐崘丸 미 잠수함에 격침(544명 사망)
	10. 25	제1회 학병징용검사 실시(광산, 군용공장에 동원)
	12.	부산항 제4부두 준공
1944.	1. 20	한국인학병 입영 개시
	2. 8	총동원법에 의하여 한국인 전면 징용실시
	3. 19	학도 동원비상령 공포
	4.	일제, 징병제 강제 실시
	6.	부산 제2상업학교 無窮團 발각
	8. 1	일제, 여자정신대 근로령 공포
	8.	일반국민징용 실시
	12.	부산항 중암부두 2~6 물양장 및 북방파제 축조
1945.	3. 1	부산~신의주간 복선철도 준공
	4. 29	관부연락선 일반승객 승선금지
	5. 5	국립해양대학 개교(한국해양대학교 전신)
	6. 9	미군비행기가 낙동강 하구에서 여객선 '가모메마루호'를 격침 시킴
	8. 1	미군기 수정동 주택가 폭격(한국인, 일본인 15명 사망)
	8. 6	미군, 일본히로시마에 원자탄 투하(8. 9 나가사키에 원폭투하)

8. 8	소련군, 북한에 진주개시
8. 15	광복(부산인구 281,160명)
8. 18	건국준비위원회 부산지부 발족
8. 19	부산치안 사령부 발족
	일본소유의 각 기관 접수개시
8. 20	부산상공경제위원회 발족
9. 1	국문『부산일보』창간, 『민주중보』창간
9. 7	미 제8군 제24군단 선발대 인천 상륙
9. 11	하지중장 미군정 시정 발표
9. 16	미군 부산진주[미 제24군단 6사단 300명, 동양척식주식회사 부산지점(구 미문화원) 접수]
9. 17	미군정 경남도지사 찰스 · 헨리 소장 취임
	부산부윤 존 P · H 케리 소령 취임
9. 19	치안사령부, 부산시내 경찰서 및 파출소 접수 시작
9. 24	『부산정보』창간
9. 25	부산에 처음으로 야간통행금지 시행(밤 8시~익일 04시)
9. 26	미군정청, 일본정부 및 일본인 재산을 미군정 소유로 할 것을 발표
9.	치안유지 · 경찰사무 일체 미군정 인도(부산치안사령부 해산)
10. 1	경남도내 초 · 중등학교 개학
10. 8	『인민해방보』창간
10. 14	귀환동포를 위하여 부산부내 각 은행이 제1부두에서 일본은행권을 조선은행권으로 바꾸어 줌
10. 20	국립경찰창립(초대 경상남도 경찰국장 김국태)
10. 25	부산부에 근무하는 일본인 관리를 전부 추방하고 한국인 관리로 전원 교체
11. 1	부산상공회의소 발족

	미군정청 교통국 부산부두국 발족
11. 3	부산·경남 육상선수권대회 개최
11. 12	동양척식주식회사를 신한공사로 개칭(1946. 7. 9 해체령)
12. 1	부산항 입출입 신고업무 부산수산경찰서에서 부산부두국으로 이관
12. 12	야간 통행금지 시간 하오 8시→ 10시로 변경
12. 18	부산체육회 발족(會長 梁聖奉)
12. 27	모스코바 3상회의, 한국을 5개년간 신탁통치하기로 결의함에 대한 시민 반탁 궐기대회 개최
1946. 1. 1	신탁통치반대 부산시민 총궐기대회 개최
1. 19	미군 제5연대 4중대 감천동에서 창설
1. 23	미군정 초대 경남도지사 金秉圭 취임
1. 24	미군정 부산부윤 한국인 梁聖奉 임명
3. 7	부산~서울간 경부특급열차 운행
3. 15	남북간 우편물 개성에서 업무 개시
3. 29	부산부두국을 부산항무청 개칭(법령 제76호)
4. 1	경남체육회 결성
4. 17	귀환동포에게 열차표 우선 제공
5. 3	『부산신문』 창간
5. 15	부산대학교 개교
5.	부산에 콜레라 만연, 5,000명 정도 감염, 1,500여 명 사망자 발생
7. 6	부산 처음으로 쌀소동 발생
9. 1	신교육제도 6·6·4 制로 개편하고 학년 초를 9월 1일로 조정
9. 2	부산사범학교 개교
9. 10	『부산일보』 국문판 창간
9. 23	부산철도국 관내 종업원 700여 명 0시를 기해 파업

10. 1	일본식 행정구역의 町→ 洞으로, 丁目→ 街로, 通→ 路로 개정
11. 1	동아대학교 개교
12. 12	남조선 과도 입법의원 개원
1947. 1. 14	미군정 경남도 한국인 장관 金喆壽 취임
2. 5	군정청 민정장관 安在鴻 임명
2. 5	『부산정보』, 『조선일일신문』 군정청이 폐간
3. 1	3·1절 기념식 소요로 경찰의 발포(부산에서 6명 사망)
3. 9	미국제 기관차 30대 부산항 도착 하역
7.	부산시 일제식 동명 개정
8. 15	부산부 주최 광복2주년 기념식을 구덕공설 운동장서 거행(좌우익 충돌로 중단)
9. 1	『산업신문』 창간(1950년 8월 9일 국제신보로 → 1975년 6월 1일 국제신문)
1948. 1. 21	공창제도 폐지법 통과(2월 24일부터 발효)
2. 6	일제징용 끌려간 동포 유골 5천여 구 부산항 도착
4. 13	한미간재정 및 재산에 관한 협정체결
5. 10	유엔 한국위원회 감시 아래 대한민국 총선거 실시
5. 31	제헌국회 개원
7. 1	우리나라 국호를 대한민국으로 정함
7. 17	대한민국 헌법 제정(국회 통과)
8. 1	대한민국 정부수립 선포식
8. 15	대한민국 정부 수립
9. 8	국회에서 연호를 檀紀로 결정
10. 18	제3대 경남도지사 文時煥 임명
10. 30	대한국민항공사(KNA) 부산~서울 항공노선운항(최초 민간 항공기 취항)
11. 6	부산부윤 鄭鍾哲 임명
12. 12	UN총회, 한국정부 승인

1949.	1. 1	(주) 대한조선공사(현 한진중공업) 발족
	2. 3	부산부내 실업자 17만여 명으로 추정
	2. 5	부산지구에 5,500kW 상시 송전 개량 실시
	2. 15	부산항만청, 부산해사국으로 개칭
	4. 1	야간 통행금지 하오 11시~다음 날 상오 5시로 단축
	5. 29	부산수산상회 창고화재 발생(건물 12동, 8,000여 평 소실)
	6. 10	외자관리청, 서울·부산·인천에 소방대 설치
	6. 14	부산특별시 승격기성회준비위원회 발족
	7. 29	부산특별시 승격안 국회에서 부결
	7.	미국 해외공보처 미문화원(USIS) 개원
	8. 15	부산부를 부산시로 개칭[법률 제32호(1949. 7. 4 공포)]
	11. 29	부산시 중앙직할안 국회에서 부결
1950.	1. 16	부산전파 감시국 개국
	1. 28	최초의 한일 무역선 근사환 부산항 입항
	4. 1	부산사범학교가 국립으로 이관
	4. 10	사단법인 조선방송협회 산하 부산연주소→부산방송국 승격
	4. 18	부산사세청 개청
	4. 20	부산시장 金柱鶴 임명
	6. 25	한국전쟁 일어남
		한국전쟁 반발로 부산 시내 학교장, 학도호국단 간부 연석회의 개최
	6. 27	정부 대전으로 이전
	6. 2	UN안보위원회 북한 인민군 제재를 가결
		인민군 서울 점령
	7. 1	연합군 지상부대 부산상륙, 부산에 해군작전본부 설치
	7. 3	부산에 기지사령부가 미극동사령부하에 설치

7. 6	부산에 한·미연합 해군 방위사령부 설치
7. 7	우암선(부산진~적기간) 철도 개통
7. 8	전국에 계엄령 선포, 부산항만방위사령부 부산에 설치
7. 10	해군본부 대전에서 부산으로 이전
7. 16	정부 대전에서 대구로 이전
7. 24	부산 문화극장에서 전국 문화인 구국 궐기대회 개최
	부산 거제리 포로수용소 설치(미 8군운영, 현 부산광역시청·부산지방경찰청 부근)
7. 28	부산항만방위사령부 해체
8. 1	부산영도 해동중학교에 포로수용본소 설치(한국군 운영)
8. 12	부산영도 포로수용본소 폐지하고 거제리 포로수용소로 통합
8. 16	체신부 부산이전
8. 18	정부 부산으로 이전(제1차 임시수도, 1950. 10. 27 환도)
8.	수영비행장 임시 국제공항 지정(1954. 8 해제)
9. 1	국회 부산 문화극장에서 개원
9. 8	부산 피난민 가덕도 이송
9. 15	제1회 통화교환조치 부산서 실시
9. 16	낙동강 전선서 유엔군 총반격 개시
9. 17	미 10군단 인천 상륙작전 개시
9. 23	서면 부산상고에 스웨덴 야전병원 개원
9. 27	서울 중앙청에 태극기 게양
9. 28	국군 서울 수복
9월 하순	부산 거제리포로수용소에 제2~6수용소 증설
10. 8	서울~부산 사이 철도 완전 개통
10. 19	유엔군 평양 점령

10. 25	중공군 한국전 개입
10. 27	정부 서울로 1차 환도
12. 12	비상계엄 선포 국회에서 승인
12. 13	부산상공회의소 화재로 소실
12월 중순	부산 수영 대밭 제1~3, 가야 제1~3포로수용소 증설
12. 29	부산시 피난민 수용을 각동별로 배정(사찰, 교회당, 창고 등에 우선 수용)
1951. 1. 1	중공군 6개 군단 남침, 38도선 돌파
1. 3	정부 부산을 임시수도로 결정
1. 4	정부 부산으로 이전(제2차 임시수도, 1953. 8. 15 환도)
1. 5	부산시청에 문교부 임시사무소 설치
1. 15	국회 부산문화국장에서 재개원
1. 18	유엔묘지 조성(남구 대연동)
1. 17	부산극장에서 구국결전문화인 대회개최
1. 26	『부산일보』 휴간(미군시설로 접수)
1. 27	남포동 임시사옥서 『부산일보』 속간
2. 18	부산 전시연합대학 개강(1952. 5 해체)
2월 말	부산 거제리포로수용소 포로 거제도 포로수용소로 이동
3. 1	부산 거제리포로수용소의 본부 및 경비대대 등 관련부대 거제도로 이동
3. 14	서울 재탈환
3. 20	부산특별시 승격안 국회내무위 상정
3.	부산 동래구 명륜동 임시 한국조폐공사공장에서 첫 지폐생산
4. 7	부산·대구지역 계엄령 해제
5.	전시 비상조치로 부산에서 전시 연합대학 개교
7. 3	부산특별시 승격안 국회 유보 가결
7. 11	송도 앞바다 제5편리호 침몰(사망 55명)

10. 1	한국조폐공사 창립, 부산공장(명륜동) 준공
10.	서울~부산간 급행열차 운행
10. 31	부산시, 인구조사 실시(총 626,180명)
11. 17	부산시민 戰災民에 방 비워주기 지원 신청자 쇄도
11. 30	부산 제조병창에 불 화약고 1동, 민가 100여 호 불타고, 4명 사망
12. 1	부산·대구를 제외한 전국에 비상계엄 선포
1952. 1. 10	전국에 반공비상사태 선포
1. 18	이승만 대통령 영해권 '평화선' 선언
2. 1	미 제7항만사령부로부터 한국 제302항만 대대에 부산 제1부두 이양
2. 18	부산에서 반민의 국회의원 소환요구 데모
4. 25	전국 시·읍·면 의원 선거 실시
4. 28	각 지방 계엄령 해제
4.	국립해양대학, 군산에서 부산 거제리로 이전
5. 7	민선 부산시장 孫永壽 취임
	첫 부산시의회 개원(의장 김락제, 부의장 박교준)
5. 10	전국 도의원 선거
5. 20	부산 거제리 포로수용소 폭동 발생
5. 24	부산시교육위원 10명 선출
5. 25	부산, 경남·전남북에 계엄령 선포
6. 19	ICA 원조자금으로 미국산 전차 40대 도입하여 부산에 20대 배정(7. 3 인수)
6. 20	부산국제구락부서 야당인사들 반독재호헌구국선언, 회의장에 괴한 난입
6. 25	부산 충무로에서 6·25 2주년 기념식장에서 대통령 저격 사건 발생
7. 17	부산 부두 노동자 임금인상을 요구 총파업
11. 27	부산 국제시장 대화재 발생
1953. 1. 9	부산 다대포에서 여객선 昌慶號 침몰(229명 사망)

	1. 21	해군 부산항만사령부 발족
	1. 30	부산 국제시장 대화재 발생(1984호 소실, 소실세대 2,366세대, 이재민 13,235명)
	2. 15	화폐개혁 단행(화폐단위를 100대 1로 절하하여 圓을 환으로 표시)
	4. 1	부산대학교 국립대 인가
	7. 3	부산해양원양성소 설립인가
	7. 27	판문점에서 휴전협정 조인
	8. 15	정부 임시수도 부산에서 2차 서울로 환도
	9. 16	국회 부산에서 서울환도
	9. 17	부산시, 대연출장소와 해운대출장소 설치
	9.	시·도민증 소지자에게 한강 도하 허가
	11. 27	부산역전 대화재 발생(역사, 2,000여 가옥소실, 이재민 3,100명)
	12. 17	민선 부산시장 손영수 취임
1954.	2. 8	부산시 약 51,000동 판자집 중 현재까지 3,412동 철거
	4. 3	좌천동지구 미군 송유관에서 대화재 발생(사상자 27명, 650세대 전소)
	4. 4	부산진에 대화재 발생(사상자 134명)
	5. 7	부산여고에서 서독병원 개설 민간인 무료치료
	5. 20	전국 민의원 선거(당선자 부산갑 김지태 외 4명)
	7. 24	민선 부산시장 崔丙奎 취임
	11. 27	부산 미55보급창 화재로 전소
	12. 8	군대에서 사용중인 토성초등학교 화재로 18개 교실 소실
	12. 10	용두산공원 판자촌 대화재 발생(가옥 1,093동 소실, 이재민 8,000여 명)
1955.	2. 18	부산·광주사범학교를 사범대학으로 승격
	2. 26	민선 부산시장 裵上甲 취임
	3. 2	부산역 구내 객차내 인화물 폭발로 42명 사상자 발생
	3. 9	용두산공원 → 우남공원으로 개칭(1960년 4·19혁명 뒤 용두산공원 환원)

5. 3	부산사범대학 개교
6. 25	미 극동군 사령관 겸 UN군사령관이 부산항의 관리권 한국군에 이양
9. 9	사단법인 부산해양협회 설립
11. 25	국립해양대학 영도 새교사로 이전
12. 1	부산해사국→부산해무청으로 개칭
12. 22	용두산공원에 이순신 장군 동상 제막
1956. 1. 29	제1회 간이 총 인구조사 실시(부산 인구는 1,019,363명)
3. 13	부산해양고등학교 설립
8. 2	부산국제시장 대화재 발생(점포 135개 소실)
8. 8	경남도 시·읍·면 의원 및 시·읍·면 지방자치단체장 선거 실시
8. 13	제2회 전국 도의원 선거 실시
8. 20	부산시 의회 의장단 선출(의장 서재원, 부의장 김길한)
9. 16	부산시 동장선거 규칙에 의거 동장선거 실시
1957. 1. 1	부산시 區制실시[법률 제407호(1956. 12. 17 공포)], 6개구(중구·서구·동구·영도구·부산진구·동래구)
	괴정동 외국인 수용소에서 일본어부 17명 도주
2. 7	제2대 부산시 교육감 선출
5. 11	부산시 교육감 吳秉仁 취임
6. 2	부산진 미군 송유관 파열로 화재 발생(사망 20, 화상 30명, 이재민 2,000명)
7. 11	부산에서 디젤기관차 인수식 거행
8. 21	태풍 7호 부산항 강타(선박 11척 침몰)
10. 18	제38회 전국체육대회 부산개최(구덕운동장)
12. 23	부산시, 제1회 문화상 수상자 확정
12.	당감동 화장장 설치(아미동 화장장 폐쇄)
1958. 1. 12	ICA자금에 의해 도입되는 '디젤' 기관차 9대, 객차 18대 부산항 도착

1. 30	일본인 억류어부 30명 부산서 제1차 송환
	수영비행장을 부산비행장으로 명칭 변경
2. 21	제1차 재일억류동포 249명 부산항 도착
3. 27	부산일보사, 부일영화상 제정
4. 23	일본 大村수용소 억류 동포 251명 부산항 도착
4. 27	우리나라 최초로 부산부두노동자회관 준공
5. 28	서독적십자사, 부산서독병원(대신동) 폐쇄
7. 26	부산시 정부 직할시 승격 기성회서 국회에 청원서 제출
8. 23	주식회사 부산문화방송국 창립총회 개최
8. 30	부산비행장을 부산수영공항으로 개칭
9. 25	부산지방해무청 청사 준공(중앙부두 뒷편)
9. 26	『부산일보』 지방지로서 조석간 6면 발행 개시
12. 13	부산 조병창 준공
1959. 2. 13	서울·부산 등지에서 제일교포 북송반대 규탄대회 개최
3. 19	부산시장에 裵上甲 임명
4. 15	부산문화방송국 개국→한국 최초 민간상업방송
7. 7	부산 구덕공설운동장 시민 위안의 밤 67명 사망 참사 발생
9. 17	삼남지방 태풍 '사라호' 엄습(부산지방 사망 28명 부상 5,000명)
10. 23	부산택시노조 일제히 파업쟁의
12. 6	제1회 눌원문화상 시상식 거행
12. 23	부산기독교 방송국 개국
1960. 1. 16	부산항 제7물양장 축조공사 완공
3. 2	부산국제고무공장에 대화재 발생
3. 15	마산 부정선거 규탄데모 발생(부산MBC 부정선거규탄 마산의거 시위현장 중계)
3. 20	범일동 국제고무공장 대화재

3. 24	3·15부정선거 규탄 부산 학생 1천여 명 데모 참가
3. 29	경남지사 愼道晟 사표 제출
3. 30	일본 오오무라(大村)수용소 억류 재일동포 344명 부산항 귀환
4. 19	정부, 5대도시(서울·부산·대전·대구·광주) 비상계엄령 선포
4. 24	부산·대구 3·15부정선거 데모 격렬
4. 25	부산장 배상갑 사표 제출
4. 26	이승만 대통령 下野 성명
5. 3	부산 수용소 억류 일본인어부 28명 석방
5. 6	신임 李基周 경남지사 취임
5. 14	부산 택시 총파업
5. 16	부산시장 李瑾鎔 임명
5. 29	이승만 대통령 하와이 망명
6. 18	부산라이온스클럽 창립
10. 30	부산밀수 깡패 100명 경관을 납치구타 사건 발생
12. 1	한일 정기 해상항로 해방 이후 첫 취항
12. 12	도의원 선거 실시
12. 19	전국 시·읍·면의원 선거 실시
12. 24	한국해양대학 실습선 반도호 명명식
12. 25	국제시장에 대화재 발생(234개 전포 소실)
12. 26	전국 시·읍·면장 선거 실시
12. 27	부산시장 金種圭 취임
12. 29	특별시 및 도지사 선거(경남지사 李基周 선출)
1961. 1. 27	부산항 하역노동자 파업으로 부산항 마비
2. 16	제3대 부산시 교육위원회 교육감 姜三榮 취임
3. 20	부산시 동장선거 일제히 실시

5. 5	용두산공원 어린이 헌장비 제막
5. 16	군사쿠데타 발생
5. 17	행정사무를 軍에 이양
5. 18	장면 내각 총사퇴
5. 23	상공회의소 해산
5. 25	신임 군정 부산시장 卞在甲 취임
6. 16	부산 수산센터 착공
7.	용두산공원내 4 · 19혁명탑 건립
8. 14	부산 영주터널(640m) 준공(9. 15 개통)
10. 2	부산지방해무청→ 부산지방해운국으로 개칭
12. 4	부산사범학교 → 부산교육대학 승격
1962. 1. 1	연호를 단기를 서기로 바꿈(1961. 12. 2 공포)
2. 19	경남공무원교육원 개원(양정동)
3. 1	부산대학교 병설 부산교육대학으로 개편
4. 20	부산시장 金玄玉 임명
5. 1	부산 해안경찰대 발족
	괴정동 판자촌 화재발생(건물 48채 전소)
5. 18	경남도 문화재 보존위원회 발족
5. 20	제1회 도민체육대회 개최(구덕운동장)
5. 25	부산일보, 부산문화방송, 한국문화방송(서울), 부일장학회 운영권을 5 · 16 장학재단에서 인수
5. 31	부산시기 제정
7. 20	부산시사편찬위원회 발족
8. 15	부산시민헌장 제정
8. 24	서면 어린이회관 개관

9. 20	부산시 부두지구 정리사업 본격적으로 착수
11. 12	부산시립교향악단 창립
11. 13	제80차 최고회의 상임위원회에서 부산직할시 설치(안) 통과
12. 1	정부 직할시 승격 경축기념식 거행
12. 18	브라질 이민단 17세대 91명 처음으로 부산항 출항
12. 25	서면로터리 부산탑 기공
1963. 1. 1	부산시 정부 직할시로 승격[법률 제1173호(1962. 12. 21 공포)], 제3차 행정구역 개편으로 동래군의 구포읍, 사상·북면 및 경남 양산군 기장읍의 송정리 편입
	경상남도 경찰국으로부터 부산시경찰국 분리 신설(중부산경찰서→ 부산중부경찰서, 서부산경찰서→ 부산서부경찰서, 동부산경찰서→ 부산동부경찰서, 부산진경찰서→ 북부산경찰서로 개칭)
1. 7	부산시내 자동식 공중전화 30대 처음 설치
1. 21	범어사 경내에 있는 ‘삼층석탑’을 보물 제250호로 지정
2. 1	부산시 선거관리위원회 창설
	대신국민학교 화재발생으로 12개 교실 전소
3. 1	부산교육대학, 부산대학교에서 분리 신설
3. 14	부산시, 새 시민증 발급 개시
3. 17	부산직할시 체육회 창립
5. 15	부산공설운동장(현 구덕운동장) 풀장 개장
5. 17	제1회 미스부산 선발대회 개최
5. 23	제1회 부산시 종합체육대회 개최
5. 27	부산해난 심판위원회 발족
6. 20	태풍 ‘샤라’ 부산강타(사망 24명, 이재민 다수 발생)
8. 5	부산 시립시민도서관 개관(부전동)
9. 1	부산~후쿠오카 정기 항공노선 개설 취항

9. 12	철도청, 부산역에서 SID-19형 디젤기관차 시운전
9. 21	부산시내 콜레라 만연으로 부산 전역 휴교 및 집회금지
9. 27	부산~제주간 여객선 '도라지호' 취항
9. 30	부산비행장을 부산국제공항으로 승격
11. 1	부산 종합어시장 수산센터 개장
11. 18	부산일보 사옥 준공(중앙동 4가)
12. 1	부산시, 택시요금 미터제 실시
12. 14	서면로터리 부산탑 준공(1962. 12. 25 착공), 1981. 7. 23 지하철 1호선 공사로 철거
12. 16	동국제강(주) 공장부지 조성을 위해 용호만 앞바다 537,014㎡ 매립착공(1990. 6. 30 준공)
	부산산업재해보상보험사무소 개소
12.	농림부 중앙수산시험장을 국립수산진흥원으로 개칭
1964. 1. 1	부산수산대학(현 부경대학교 전신) 부산대학교에서 분리 신설
1. 4	교육자치제 부활로 부산시교육위원회 개청
1. 12	한일 정기여객선 '아리랑호' 부산~오사카 취항
2. 4	교육자치제 실시 후 초대 교육감 오복근 취임
	부산영화평론가협회 창립
2. 15	한국전력, 감천화력발전소 제1호기 가동
2. 20	부산시, 위생시험소 설치
3. 4	회동수원지 상수보호구역 설치(둘레 16km)
3. 16	서구 충무동일대 해일 피해 발생(가옥유실 4동, 파손 16동, 매축지 매몰 5m, 이재민 11명)
4. 15	부산시, 신평 간이주택 123세대 건립 이주
4. 20	송도해수욕장 해상 케이블카 운행 개시(2002년 철거됨)

5. 2	천주교 부산교구청 건립
5. 12	부산상의, 제1회 상공민의 날 기념대회 개최
5. 21	낙동강유역 제방축조 및 개척공사 착공
6. 1	부산시, 시정자문위원회 창립총회 개최
7. 4	제1회 부산시 직장체육대회 개최
7. 16	나환자촌 엄궁동에서 용호동으로 집단 이주
8. 20	감천 화력발전소 준공(13만 24㎾ 발전)
8. 23	동래고교 화재 발생으로 본관 22개 교실 전소
8. 21	대연동 유엔묘지내 기념참배회관 건립
10. 1	부산시, 부두구획정리지구 가옥 1,266동 철거 시작
10. 8	부산항에 국무총리 직속 항만행정조정위원회 설치
10. 10	부산진구 전포동에 시립병원 시설확장 개원
10. 17	동구 초량동 산복도로 개통
10. 26	한국기자협회 부산경남지부 결성
11. 5	부산아동 결핵요양소 감천동에 개원
12. 12	동양TV 부산방송국 개국
1965. 1. 28	부산생산기업인 대회 개최(대통령 참관)
2. 15	서구 충무동 일대 대화재로 이재민 177명 발생
2. 21	제1회 부산항구제 개최
3. 18	한국조선공업협동조합 부산사무소 설치
3. 28	부산부두 노동자 임금인상 요구 총파업
4. 1	부산진구 양정동 '부산진배롱나무'를 천연기념물 제168호로 지정
4. 7	부산본부세관 수영출장소 신설
4. 17	부산 연산동 난민수용소 화재 발생(건물 100여 동 전소)
4. 19	부산시, 문현~수영간 도로확장공사 착공

5. 25	부산시사편찬위원회, 『釜山略史』 발간
6. 21	전국 13개 대학 및 58개 서울 고등학교에 방학 및 휴학조치
6. 22	한 · 일협정 정식조인(8. 14 야당 불참한 가운데 국회 비준)
7. 23	부산부두지구 구획정리 사업으로 초량역 폐쇄
9. 27	영도에 사립 영도도서관 개관
10. 1	부산시 인구조사 실시(총 1,4109,808명)
10. 20	동구 좌천동 2인조 강도사건 발생
11. 1	중앙동 부산본역 폐쇄하고 부산진역으로 통합
12. 14	부산시, 대연 · 남천 · 광안 · 민락 등 6개 동을 묶은 '신부산건설계획' 발표
12. 16	부산시경찰국, 중화민국 기룽시 경찰국과 자매결연
12. 17	영국 아동구호재단 진료소 개설
1966. 1. 13	범어사입구 '범어사등나무군생지' 천연기념물 제176호로 지정
2. 1	부산 대연 · 남천 · 광안 · 수영동에 이르는 '신부산건설' 조성공사 기공
2. 28	범어사 경내에 있는 '대웅전'을 보물 제434호로 지정
3. 1	국립수산진흥원을 수산청 국립수산진흥원으로 변경
3. 15	주한 일본 부산총영사관 업무개시
3. 24	동래 금강공원 이웃에 식물원 조성 개원
3. 30	부산직할시장 金玄玉 이임(1962. 4. 21 취임)
3. 31	부산직할시장 金大萬 취임
4. 1	부산역사(초량동) 착공
5. 12	명지~하단간 낙동대교 기공
6. 30	부산시, 대만 카오슝(高雄)시와 자매결연 체결
7. 13	'낙동강하류철새도래지'를 천연기념물 제179호로 지정
7. 16	부산수산대학 실습선 '백경호' 90일간 북양 조사를 마치고 귀항
8. 6	부산대박물관에서 다대패총 발굴조사 실시

9. 1	영도대교 도개교(들고 내리는 부분) 폐쇄(1932. 3. 8 착공, 1934. 11. 23 준공)
	부산시 수도시설관리소 설치 및 중부·북부·동래수도사업소 설치
10. 1	부산시, 시내버스 회수권제 실시
10. 3	동래 금강공원 이웃에 동물원 조성 개원
10. 10	교통부, 부산지방항공관리국 설치
10. 13	부산여성회관 준공(창선동)
	부산민속예술보존협회 창립총회 개최
10. 22	학교법인 동의학원 설립(동의대학교)
11. 18	맹호, 청룡부대 제6진 월남파병 부산항 출항
11. 25	부산시, 도시계획세 및 수익자 부담금 부과키로 결정
11. 30	유엔묘지 기념대문 준공
1967. 1. 1	한국전력(주) 공장부지 조성을 위해 감천동 앞 바다 66,486㎡ 매립착공(1990. 12. 30 준공)
1. 14	해군함정 '忠南號' 와 부산-여수간 정기여객선 '韓日號' 가 가덕도 해상에서 충돌(100여 명 승객이 바다에 수장됨)
2. 4	부산은행 설립추진위원회 창립총회 개최
3. 4	뤼브케 독일연방공화국 대통령 내외분 부산 방문
3. 23	안용복 장군 기념사업회 발족
3. 29	주한영국대사 이안 크레이톤 멕켄지 부산시청 방문
4. 4	부산시민 위안의 밤 집단압사 사건 발생으로 36명 사망
	영주터널(현 부산터널) 기공
4. 6	동래 금강공원 케이블카 개통
4. 8	홀트 호주 수상 부산방문
5. 11	동래소방서 신설(대통령령 제3034호)
5. 18	경남지방병무청에서 부산지방병무청 분리 신설

7.	19	철도청, 서울·부산·대구역에 부역장제 실시
8.	15	재무부, 부산은행 설립 확정
10.	10	부산은행 설립(10. 25 영업개시)
10.	19	부산지역 교장단 과외수업철폐 결의
11.	16	한국수자원개발공사 창립
12.	18	부산시, 미국 LA시와 자매결연
12.	21	'동래야류'를 중요무형문화재 제18호로 지정
1968. 1.	15	부산 시립병원 신축공사 착공(연산동)
1.	24	국제시장 대화재 발생으로 점포 135개 전소
2.	1	경부고속도로(부산~서울) 착공
2.	15	중구 창선동일대 대화재 발생으로 26개 점포 전소, 피해액 1억원 추정
3.	2	영주동 시범재개발지구 제1차 철거완료(서동이주)
3.	14	정기여객선 '남영호' 부산~제주 서귀포간 취항
3.	18	부산시외전화국 대화재로 사망 5명, 부상자 31명 발생
4.	10	KBS TV 부산중계소 개소[출력(500W)]
4.	11	부산시가 조선방직(주) 인수
4.	23	구덕수원지 매립공사 착공
4.	27	부산시, 부산시청 1971년까지 조방터에 이전 계획 발표
5.	1	동구 범일지구 재개발사업 기공
5.	7	부산진구 중앙시장 개장
5.	10	제1회 부산산업전시회 개최
5.	14	옛 조선방직(주) 주변 무허가 건물 철거 시작
5.	19	부산고등학교 화재로 5개 교실 소실
5.	20	부산시내 전차 운행 폐지(5. 21부터 전차궤도 포장공사 착수)
5.	25	부산지역 처음으로 부산데파트 기공

1969. 1. 4	범일동 조방터에 시청사 기공식 거행
1. 10	부산시, 장전지구 구획정리사업 착공
1. 18	부산시, 동래와 해운대 시영온천 관리권 민영화 결정
1. 25	부산직할시교육연구원 발족
1. 29	구덕수원지 조성공사 관련 부산시청 부정사건 발생
1. 30	동래지역 간선도로에 수은가로등 설치
2. 5	부전동에 노동회관 개관
2. 23	부산시내를 운행했던 철거전차 동아대학교 박물관에 1량 기증
2. 27	중앙동 시청앞~중앙동간 가로 확장공사 착공
3. 25	부산항 부두관리협회 설립
4. 1	부산 증권시장 개장
4. 8	자성대 입체교차로 착공
4. 26	부산직할시장 金大萬 이임
	한국감정원 부산지점 개점
4. 28	부산직할시장 金德燁 취임
5. 2	부산항 부두관리협회 창설
5. 11	구서동~부산교육대학간 산업도로 유료화
5. 25	동아대학교에서 관리하던 구덕공원 시에서 인수하여 개방
5. 29	베트남 티우 대통령 부산방문
5. 30	제1회 충렬제가 엄숙한 분위기 속에서 거행
6. 10	초량동의 釜山驛舍(부산 본역) 준공
8. 23	총무처 정부기록보존소 설립
8. 25	영도 동삼동패총 발굴조사 실시(5,000년 전의 角杯 등 발굴)
	부산직할시기 제정 공포
8. 30	부관훼리주식회사 설립

9. 14	태풍 '사라' 부산강타로 사망 67명, 이재민 29,576명 발생
10. 3	중구 남포동 지하도 개통
10. 11	해운대 동백섬 순환유료도로 개통
10. 29	니제르 공화국 하마니디오리 대통령 부산방문
10. 31	자성대 입체교차로 개통
11. 1	서면 지하도 개통
11. 7	해운대~송정간 도로 기공
11. 15	부산 최초의 데파트인 부산데파트 개점
11. 17	부산시 건설사업소 신설
12. 10	광복동 미화당백화점 대화재로 66개 전포 전소
12. 29	부산~대구간 고속도로 개통 및 부산 산업도로 완전 개통
	부산고속터미널 개장(부산역 부근 초량동)
1970. 1. 24	부산문화 TV 방송국 개국
1. 26	전국 최초로 쥐잡기 작전 일제히 실시
2. 21	부산시, 이동수도사업소 설치 운영
3. 1	부산시를 상징하는 꽃으로 '동백꽃' 지정
3. 3	부산 MBC FM 시험전파 발사(4. 15 FM방송 개국)
3. 13	수영~해운대간 도로 1차공사 완공 및 2차 공사 착공
3. 18	미국 세계평화봉사단 부산시 교육청 방문
4. 1	부산항 제2부두 6호 창고에 화재 발생
4. 4	서울과 부산에 콜택시 운행
4. 15	부산직할시장 金德燁 이임
	제2차 낙동강계통 상수도 확장사업 완공
4. 16	부산직할시장 崔杜烈 취임
4. 25	동래 낙민동 '동래패총'을 사적 제192호로 지정

5. 5	동래 사직지구 구획정리사업 기공
	부산시교육위원회 동광동에서 범일동으로 이전 개청
5. 11	부산과 서울·대구에 쌀값 통제(가마당 500원)
5. 15	부산시, 구덕수원지 공원으로 시민에게 개방 키로 결정
5. 19	영도 동삼동 패총서 선사시대 주거지 발굴
6. 8	구포지구 구획정리사업 기공
6. 10	서울~부산간 KAL DC-9제트여객기 취항
6. 17	부산~시모노세키간 '부관훼리호' 취항
6. 27	경부고속도로 2년 3개월만에 완공(1968.2.1 착공)
7. 7	경부고속도로(1968. 2. 1 착공, 429억 7,000만원 투입, 全長 428km) 개통
7. 28	해운대~송정간 도로 준공
8. 10	동구 초량동 부산역앞 분수대 준공
9. 14	정기여객선 '제1국남호' 부산~제주 서귀포간 취항
9. 16	다대포첨사영 다대포객사 건물 다대초등학교에서 몰운대로 이축 준공
9. 29	엘살바도로 공화국 산체스 대통령 부산방문
9. 30	부산시민회관 건립 착공
10. 1	전국적으로 장발족 일제단속 실시
10. 16	서부시외버스터미널 이전 개장(충무동 → 범일동)
	동부시외버스터미널 이전 개장(충무동 → 부전동)
10. 19	부산시지명위원회, 태종로 등 12개 도로명을 확정(고시 제109호)
10. 20	남구 대연동 모자피살사건 발생
11. 7	고교생 부친 살해사건 발생
11. 20	반송~안락동간 가로확장공사 기공
12. 3	부산본부세관 청사 준공
12. 10	전국적으로 첫 민방위 훈련 실시

12. 15	제주-부산간 여객선 '남영호' 침몰로 승객 및 승무원 334명 익사
12. 18	안락지구 구획정리사업 기공
12. 24	대티터널 개통
	부산시, 자매도시인 미국 LA시와 무역협정 체결
12. 30	고려신학대학 설립인가(현 고신대학교 전신)

표용수 表龍洙

동국대를 졸업한 후 경성대 대학원(사학과)에서 석사학위를 받았다. 1988년부터 현재까지 부산광역시 시사편찬위원회 연구위원으로 재직 중이며, 부산지역사 자료조사·발굴과 기록보존으로 부산 역사의 체계적인 정립을 위해 연구와 실무를 병행하고 있다.

저서로는 『경상도선생안』 상·하, 한국국학진흥원, 2005(공저), 『2008부산비엔날레조각프로젝트』, 부산비엔날레, 2008(공저), 연구논문으로는 「개항기 부산항을 중심으로 한 객주상인의 활동」, 「부산지역 항일독립운동관련 유적 및 유물」, 「부산지역의 기념비 현황」 I , II 등이 있다.